사무사

思 無 邪

이 저서는 2007년도 정부(교육과학기술부)의 재원으로 한국연구재단의 지원을 받아 출판되었음.
(NRF-2007-361-AM0059)

사무사 思無邪
김우창의『궁핍한 시대의 시인』읽기와 쓰기

초판 1쇄 발행 | 2012년 5월 15일

지은이 | 문광훈
펴낸이 | 조미현

편집주간 | 김수한
책임편집 | 최진규
교정교열 | 김정선
디자인 | 김희은

출력 | 문형사
인쇄 | 영프린팅
제책 | 쌍용제책사

펴낸곳 | (주)현암사
등록 | 1951년 12월 24일 제10-126호
주소 | 121-839 서울시 마포구 서교동 481-12
전화 | 365-5051 · 팩스 | 313-2729
전자우편 | editor@hyeonamsa.com
홈페이지 | www.hyeonamsa.com

부산대학교 인문학연구소 © 2012
ISBN 978-89-323-1622-2 04100

* 이 도서의 국립중앙도서관 출판시도서목록(CIP)은
  e-CIP 홈페이지(http://www.nl.go.kr/ecip)에서 이용하실 수 있습니다.
  (CIP제어번호: CIP 2012002177)

02
우리시대 고전읽기
질 문 총 서

사무사
思 無 邪

김우창의
『궁핍한 시대의 시인』 읽기와 쓰기

문광훈 지음

ᆼ현암사

『궁핍한 시대의 시인』(민음사, 1977)　　김우창(1937~)

"

‘사邪’란 ‘간사하다’, ‘기울다’, ‘치우치다’는 뜻이다.

즉 대상을 간사하고 비뚤어진 마음으로 파악하는 것이고,

그래서 기울어지거나 치우친 생각을 뜻한다.

그러므로 사무사思無邪란 대상을 정확하고 공정하게 파악하기 위한

객관적·과학적 정신이라고 할 수 있다.

김우창의 비평 정신은 이 객관성을 향해 있지 않나 여겨진다.

그것은 사실에 충실하고 이 사실을 있는 그대로 파악하고자 하며,

이렇게 파악함으로써 진실에 이르고자 한다.

사무사란 그에게 비평적 진실을 향한 것이다.

"

차례

여는 글   자기쇄신적 기쁨

> 새로운 비평 방식을 찾아낼 수 있었으면 한다.
> 더 빠르고, 경쾌하고 보다 일상적이면서 더 강렬한.
> 더 핵심을 찌르면서도 덜 정돈된 것. 더 유동적이며,
> 비상을 따라갈 수 있는 것……
> 늘 문제가 되는 것은 마음의 비상을 유지하면서 정확을 기하는 것.
>
> 버지니아 울프, 『어느 작가의 일기』 중 1940. 6. 22

고전이 주는 기쁨은 어떤 전면적全面的인 것이다. 그 의미는 몇 가지 사항이나 개념어로 고갈되기 어렵다. 거기에는 생생하고 신선한 기운이 퍼져 있고, 곳곳에 어떤 정신이 진동하고 있으며, 그 때문에 그것은 독자를 갱신시킬 뿐만 아니라 그 자신도 글 속에서 갱신해간다는 느낌을 준다.

고전에는 고루하거나 통속적이며 진부한 것이 없다. 아니다. 고전에는 그런 면이 부분적으로 있을 수 있다. 그러나 그 핵심에는 자기쇄신적 에너지—기존의 틀을 허물어버리는 전복적 역학이 작동한다. 버지니아 울프Virginia Woolf 식으로 말하자면, "불쾌한 공기를 정화하는" 어떤 "높은 전압" 혹은 "강도 높은 압력"이 있다고나 할

까. 그것은 매서운 정신의 표현이고, 살아 있다는 감각의 증거이며, 이 감각으로 삶을 늘 새로이 살겠다는, 또는 살아내겠다는 무언無言의 결의에 다름 아니다.

그러나 좋은 책은 이 결의마저 지워버리는 책이라고 할 수 있다. 마치 아무것도 아닌 것처럼, 처음부터 없었던 것처럼, 좋은 책에는 다짐이나 결의, 교훈이나 주장마저 휘발되어 있다. 그것은 단지 희미한 여운으로 흔적을 남긴다. 고전은 어떤 것도 강제하거나 설파하지 않는다. 그러면서 어떤 메아리가 되어 독자의 심금에 오래도록 남는다. 그것은 무엇일까? 우리는 아무것도 자임하거나 자부하지 않으면서도 뭔가를 지속할 수 있을까? 그리고 이 말없는 지속이 그 자체로 삶에 대한 사랑의 의지라는 것을 증거할 수 있을까? 신선한 감각과 탄력적 사유 그리고 다채로운 표현은 곧 삶의 열정 외에 다른 것일 수가 없기 때문이다.

언어는 말할 것도 없이 이런 지속—일체의 의도를 지워버린 표현 매체이자 삶의 에너지로 자리한다. 거기에는 어떤 몸부림과 열의가 녹아 있고, 세계가 진술되어 있으며, 인간의 침묵과 숨죽인 고투가 배어 있다. 언어의 세계는 현실의 세계를 드러내면서 그 나름으로 고유하며, 따라서 기존 세계와는 다른 유일무이한 것이다. 언어는 저자의 세계관적 헌신의 결과물이기 때문이다. 그리하여 그것은 감각을 사고로 이어주고, 이 사고 속에서 일정한 관점을 나르며, 이 관점에는 어떤 윤리적 태도가 담겨 있다. 감각과 사고와 관점과 자세 중의 어느 하나가 고유한 것이 아니라, 그 모두가 얽혀 일정한 정체성의 색채를 담고 있다. 이 제각각의 '정체성들'이 모여 저자의 독자적 세계를 구축한다.

고전이란 그렇게 구축된 하나의 독립된 세계다. 그래서 이 세계는 기존의 현실과는 다른 현실―인공 현실을 이룬다. 예술의 인공 세계는 그 자체로 기존 질서에 대항하는 대안질서다. 그 점에서 그것은 비판적이다. 우리는 고전을 통해 우리가 사는 현실에서 또 하나의 현실을 만나면서 이 만남을 통해 각자의 세계를 만드는 데로 나아가는 것이다. 그러니 고전의 세계를 모방하려는 일체의 시도는, 마치 단순 요약의 시도처럼, 부질없다. 고전의 궁극적 의미는, 오직 고전을 읽는 자가 이 고전을 닮은, 이 고전에 상응하는 고유한 세계를 그 나름의 방식으로 구현해낼 때, 잠시 완성된다.

김우창이 30~40여 년 전에 쓴 『궁핍한 시대의 시인詩人』(민음사, 1977)을 다시 읽으면서 드는 생각 역시 이와 크게 다르지 않다. 그런 생각들 가운데 하나는 좋은 글이란 '거의 모든 요소를 동시적으로 구현한 것'이라는 생각이다. 그것은 저자가 자신의 모든 것을 투여했다는 뜻이기도 하다. 그래서 좋은 비평은 그 자체로 하나의 작품이 되고, 이런 질적 성취는 저자의 전면적 투신에서 올 것이다. 김우창의 경우 여기에는 여러 요소가 작용하는 듯하다. 그러나 하나로 줄이자면, 그것은 '사고의 독자성'이라고 말할 수 있을지도 모른다. 독자성이란 물론 사고의 깊이와 넓이에서 올 것이고, 이 넓고 깊은 사유는 유려한 언어에 담기면서 자연스럽게 표현된다. 유려한 표현이란 무엇보다 언어를 자유자재로 부리는 데서 올 것이고, 깊이 있는 사고는 오랜 철학적 훈련에서 올 것이며, 포괄적 시각은 세계를 하나의 전체적 맥락 아래 파악한 결과일 것이다. 그의 언어는 경험의 세부 현실에 밀착하면서도 이때의 밀착이 여하한의 상투성을 벗어나 있다. 신선한 언어는 신선한 감각 없이 구사될 수 없다. 열린 감수성에 실린 새로운 관점이 그의 놀라우리만치 밀도 높은 언어를 구성한다. 그리하여 김우창은 초월적 지평을 생각하면서도 현재적 삶의 엄혹한 현실 논리를 떠나지 않는다. 형이상학적 세계로 열려 있으면서도 정신은 언제나 경험의 복잡다단한 굴곡에 주목하는 것이다.

그리하여 김우창의 비평에는 수백 수천 개의 성찰과 반성, 분석과 진단, 공감과 이해와 명상, 거리와 유보, 놀라움과 경애 그리고 너그러움이 들어 있다. 그는 사상의 기관organ이자 제도制度이고, 그의 글은 학문 활동의 만화경萬華鏡처럼 보인다. 그러므로 그의 글을 읽는다는 것은 이 모든 것을 함께 느끼고 다시 생각하며 새롭게 깨우친다는 것을 뜻하는 것이다. 그가 느낀 것을 감지하고, 그가 생각한 것에 공감하거나 비판하거나 이해하거나 반박하면서 독자는 자기 자신을 쉼 없이 추스르고 다독이며 자기의 위치를 다시 정돈하게 되는 것이다. 그러니 그 압박이 작을 수 없다.

나는, 그의 다른 저서들에서처럼, 『궁핍한 시대의 시인』에서도 강도 높은 지적 압박을 느낀다. 이 압박감은 이중적이다. 그것은 내가 가진 지금까지의 관점과 기준을 뒤흔든다는 점에서 불편한 것이지만, 이 불편함이 감각과 사고의 심각한 전환을 야기한다는 점에서 해방적이다. 참된 해방감은 늘 불편한 각성을 수반하지 않는가. 김우창의 비평은 한국에서 그 어떤 문장도 해내지 못한 사유와 논리의 엄격성, 표현의 섬세함과 감정의 정확함, 관점의 포괄성과 태도의 유연함을 동시에 실행해 보이는 듯하다. 이 유연한 태도는, 다시 강조하건대, 논리적 철저성이 섬세한 감정에 담겨 정신의 자유로운 리듬을 타는 데서 만들어진 것이다. 이렇듯 삶의 윤리는 감각과 사유가 자유롭게 어울릴 때, 바로 이 어울림의 꼭짓점을 지칭한다고 할 것이다.

아마도 『궁핍한 시대의 시인』이 내장한 관점의 폭과 사유의 강도強度 그리고 논리적 밀도를 능가할 책은 앞으로 한참 동안 나오기 어려울 것이다. 그것은, 한국의 지난 비평사가 보여주듯이, 30여 년일 수도 있고, 50년일 수도 있으며, 혹은 100년일 수도 있다.

『궁핍한 시대의 시인』에 실린 글은 단순히 한국 문학사의 전례 없이 창의적인 평론집을 넘어 이 땅의 시와 소설에 대한 문학예술적·예술철학적 검토이고, 나아가 현대의 학문과 사회와 현실에 대한 인문학적·문화론적 고찰이기도 하다. 그 논의의 주된 대상은 한국의 문학 작품들이지만, 거기에는 이들 문학 작품을 지탱하거나 에워싼 이론적·철학적 바탕과 문화론적 테두리에 대한 균형 잡힌 고려가 있다. 이런 고려에서는 동서고금의 주된 문제의식들이 자유자재로 동원되면서 인간의 행동과 현실의 성격, 언어의 기능과 표현의 한계에 대한, 그리고 인간 일반의 현재적 삶과 미래적 방향에 대한 도저한 반성을 담고 있는 것이다. 그리하여 그의 글은 문학평론집의 범주를 완전히 넘어선다. 이 책이 우리 시대의 인문학 저서 가운데 단연 독보적인 저작으로 평가될 수 있는 이유는 바로 이런 점에 기인할 것이다.

이런 고전 앞에서 시도되는 고전의 재해석—'읽고 쓰기'의 작업에 수반되는 위험이 작을 수는 없다. 이 부담을 어떻게 피해갈 수 있을까? 더 정확히 말해, 어떻게 줄여갈 수 있을까? 단순화의 위험을 나는 어떤 글에서나 가장 경계하지만, 이 역시 피하기 어렵다. 그렇다면 관건은 단순화된 관점이 그 나름의 설득력을 갖도록 하는 것일지도 모른다. 이 점을 의식하면서 나는, 이 책을 쓰는 동안, 크게 두 가지를 염두에 두곤 했다.

첫째, 김우창 사유의 구조적 얼개를 드러낼 것. 이를 위해서 나는 최대한으로 줄여서 열쇠어 여섯 개를 선택했고, 이 각각의 열쇠어 아래 세 개의 소제목을 달았다. 그리고 이 소제목들이 자연스럽게 서로 이어지도록 했고, 하나의 열쇠어가 그 앞과 뒤에 놓인 다른 열쇠어와 고리처럼 연결되도록 했다. 이렇게 연결된 여섯 개의 핵심 개념들이 김우창 사유의 전체 구조를 하나의 움직이는 유기체처럼 드러내도록 일정한 논리적 흐름 아래 배치했다. 이것은 그 자체로 그의 사유의 특징인 운동/변증법을 입증하는 것이 될 것이다.

그러나 더 간단하게 이 책을 파악하는 방법도 있다. 그것은 글의 전체를 3부로 나누는 일이다. 그래서 1부는 방법으로, 2부는 사상으로, 3부는 윤리로 나눈 것이다. 특별히 강조할 것은 「3부 윤리」다. 왜냐하면 김우창의 글은, 그 복잡한 글의 원칙(방법)과 사유의 성격(사상) 그리고 풍성한 내용에도 불구하고, 나의 판단으로는 결국 이 윤리, 다시 말해 '나는 어떻게 삶을 살 것인가'라는 생활실천적 문제로 수렴되기 때문이다.

여섯 개의 열쇠어 아래 김우창 사유의 전체 흐름을 스케치하면 이렇다.

김우창은 무엇보다 사실에 밀착해 생존의 경험 현실에 주목하고자 한다. 이 모든 물음의 출발은 '자기 물음'이고, 이 자기 물음을 통해 '감정의 정확성'을 기하려고 한다(1장 철저성). 그는 사실과의 부단한 싸움을 통해 작고 미미한 것의 고유한 의미를 놓치지 않으려 한다. 그래서 그의 언어는 '뼈의 언어'라고 할 만하다(2장 사실 착근). 이 사실 존중의 방법을 통해 그는 현실의 전체를 의식하고, 삶의 복합적 움직임을 포착하려 한다. 그래서 그의 사유는 '부정否定의 변증법'이 되지 않을 수 없다(3장 움직임).

그러나 이때의 움직임이란 인간과 생명의 움직임만을 뜻하는 게 아니다. 그것은 세계에 존재하는 모든 것들을 일정한 유추관계 아래 파악하려 하고, 이 존재하는 것들의 욕구와 지향을 생명적 관점에서 파악하고자 한다(4장 생명주의). 그리고 이렇게 파악된 것은 파악하는 주체의 삶에 무늬가 되어야 마땅하다. 윤리란 이렇게 내면화된 원칙이고, 육화된 선의이기 때문이다. 생활의 무늬로서의 내적·개인적 윤리는 외적·사회적 정의와 구분될 수 없다. 단지 이 회로는, 그것이 문학예술적으로 장려될 때, 더욱 활성화될 수 있고, 바로 그 점에서, '심미적'이라고 할 수 있다(5장 심미적 윤리). 그렇다면 이 윤리는 어디로 나아가는가? 그것은 세계와의 유대이다. '직시하되 너그러운' 것은 사회적 연대를 향한 시와 사회의 마음이다. 그리고 이 마음은 '세계 신뢰' 없이는 불가능하다(6장 세계 신뢰).

김우창의 이러한 사유는, 단계적으로 보면 '체계적'으로 여겨진다. 그러나 이때의 체계가 분명한 형식이나 서열 혹은 명제를 갖췄다기보다는 각각의 글에서 산발적이고 독자적으로 이뤄진다는 점에서 그것은 '비체계적'이다. 그는 어디에서도 자신의 주장을 테제화하지 않는다. 그럼으로써 논리와 논증의 늪—체계강제적 위험성으로부터 벗어난다. 그의 견해는 언제나 있을 수 있는 여러 가능성 가운데 하나로 제안되는 것이다. 이런 제안 속에서 그는 '관계 방식에의 물음'을 지치지 않고 던진다(맺는 글).

둘째, 김우창 사유의 특징과 맥락 그리고 그 전개 경로를 보여주는 것이면서 이런 경로를 따라가는 나/필자의 글이 가진 움직임, 그 호흡과 숨결이 드러날 수 있도록 노력했다. 그의 글을 쫓아가면서 단지 인용하고 해석하고 이해해서 소개하는 데 그치는 것이 아니라, 이렇게 해석하는 나의 글이 지닌 어떤 관점과 문제의식, 정체성과 색채가 느껴지도록 애쓴 것이다. 왜 그런가?

글의 의미가 신선함에 있고, 이 신선함으로부터 자기쇄신의 기쁨이 자라나는 것이라면—최고의 글이 육화하는 창조성이란 것도 이 자기갱신에서 올 것이다—, 신선한 글을 읽는 해석자의 글 역시, 적어도 어느 정도라도, 신선하지 않으면 안 된다. 신선한 글은 신선한 해석을 통해 결국 신선한 삶을 사는 데서 잠시 완성된다. "인간은 무 가운데 명멸하는 현상을 창조적으로 산다"라고 김우창 역시 쓰지 않았던가?(「사물의 꿈」, 『궁핍한 시대의 시인』, 67쪽) 독자적獨自的 해석의 주권성은 어디서나 불가피하게 요청된다. 해석자 자신의 독자적 관점과 언어가 없다면, 해석되는 고전의 의미는 그만큼 빈약해질 수밖에 없다. 마찬가지로 뛰어난 비평은 자기쇄신적 메타비평 속에서 새롭게 태어난다. 셰익스피어는 셰익스피어를 설득력 있게 다룰 만한 언어적·사고적·해석적 능력을 부득불 요구한다.

오직 새로운 가능성의 이 놀랍고도 희귀한 세계에서 저자와 독자, 작가와 비평가, 나와 타자는 기존과는 다르게 만날 수 있을지도 모른다. 이 만남에서 더 나은 삶, 더 나은 관계 그리고 더 이성적인 사회에 대한 어떤 암시가 드러날 수 있을까. 글은 근본적으로 감각의 자기쇄신이고, 이 감각의 쇄신을 통한 현존적 삶의 자기갱신적 기쁨이어야 마땅하다. 나날이 다르게 느끼고 새롭게 사유하는 가운데 따로 또 같이 평화롭게 살아가지 못한다면, 인간의 삶이 야수의 그것과 어떻게 다를 것이며, 인간의 시간은 돌의 그것과 무엇이 다를 것인가? 고전은 관습적 사고와 진부한 관점을 무자비하게 파괴한다. 기존 체계를 고수하려는 것이 옹졸함과 비열함을 낳는다면, 그것을 뒤흔드는 것은 에너지고 활기다. 이 활기로 사람은 자신의 일회적 삶을 이중화하고 다중화한다.

이 두 가지 사안, 즉 『궁핍한 시대의 시인』을 지탱하는 김우창 사유의 근본 특징과 이에 대한 나의 메타비평적 논평에서 도출되는 결론은 무엇인가?

나는 김우창의 사유가 일체의 어긋남과 치우침 혹은 기울어짐

邪을 경계하는 사유, 다시 말해 생각함에 비뚤어지고 못된 것을 지우는 사무사思無邪의 사유를 하고 있다고 판단한다. 그의 비평 정신은 사무사의 정신이다. 사무사의 비평 정신은 무엇보다 자기 자신을 지우고 마음을 비우는 데서 시작한다. 마음을 비워낼 때, 이 마음에는 잡념 없는 세계가 담긴다. 세계는 잡념과 잡것으로 가득 차 있지만, 이 세계를 파악하는 정신은 밝고 맑을 것이고, 또 그렇게 되어야 마땅하다. 그것이 담백한 마음이고 허령불매虛靈不昧의 정신이다.

'사邪'란 '간사하다', '기울다', '치우치다'는 뜻이다. 즉 대상을 간사하고 비뚤어진 마음으로 파악하는 것이고, 그래서 기울어지거나 치우친 생각을 뜻한다. 생각에 전략과 술수가 들어가면 편향된다. 그러나 전략과 술수를 부리지 않더라도 사람의 생각에는 어떤 의도가 들어가기 마련이고 이 의도가 사고의 일정한 경사를 야기한다. 그러니까 의도만으로도 사고는 비뚤어질 수가 있다. 발터 벤야민이 '의도 없음' 혹은 '의도를 지우는 것'이야말로 진리의 조건이라고 여긴 것은 이 때문일 것이다. 편향된 사고로는 대상을 정확하고 공정하게 판단하기 어렵다.

그러므로 사무사思無邪란 대상을 정확하고 공정하게 파악하기 위한 객관적·과학적 정신이라고 할 수 있다. 김우창의 비평 정신은 이 객관성을 향해 있지 않나 여겨진다. 그것은 사실에 충실하고 이 사실을 있는 그대로 파악하고자 하며, 이렇게 파악함으로써 진실에 이르고자 한다. 사무사란 그에게 비평적 진실을 향한 것이다. 특이한 것은 사무사의 정신이 어떤 명제로 주장되거나 도덕적 당위로 부과되기보다는 그의 삶 깊숙이 육화되어 있다는 점이다. 즉 말없이 실천되는 원리로 자리한다. 이 말은 사무사가, 남이 보든 보지 않든, 알아주든 알아주지 않든, 나날의 행동적 기율로 작용하고 삶의 생활 원칙으로 역할을 한다는 뜻이다. 이것은 자기를 비우지 않고는 어렵다.

'자기를 비운다'는 것은 자기 삶의 내용을 단순히 제로로 만든다는 것이 아니라, 부단히 배우고 익히며 채운다는 것이고, 채우면서 교정하고 갱신한다는 것이며, 이렇게 갱신하면서, '마치 그 속에 아무것도 없는 것처럼 빈자리를 마련해둔다'는 것이다. 왜냐하면 더 큰 진실, 더 큰 선의와 아름다움은 미래의 것이기 때문이다. 자기를 비운다는 것은 자신과 그 주변을 돌아본다는 것이고, 돌아보면서 성찰한다는 뜻이며, 이 성찰 속에서 더 큰 보편성에 열려 있다는 것이다. 그러니까 사무사는 김우창의 비평 정신이면서 문학적 진실을 넘어 삶의 진실로 이어져 있다. 문학의 진실도 문학하는 자가 삶 속에서 진실하지 않으면 견지되기 어렵지 않은가. 인문학의 진실이 위대하다면, 그것은 개별 분과 안에서의 좁은 정당성을 추구하는 데 있는 것이 아니라 삶의 보편적 원리로 작용하는 데 있을 것이다. 이 진실은, 노장老莊 철학에서 말하듯이, 심성을 물처럼 담담하게 만드는 데서 시작되는지도 모른다. 이 대목에서 우리는 허정염담虛靜廉澹의 담담하고 초연한 세계로 들어선다.

자기를 비우지 않으면 세계의 전체로 다가설 수 없고, 삶의 진실은 '진실'이라는 어휘까지 잊지 않으면 포착되기 어렵다. 진실은 우리가 매일 매 순간 잊지 않고 기억하는 것이면서 동시에 놓아두고 제쳐두는 것이어야 비로소 더 큰 형태로 다가오기 때문이다. 사무사가 없다면 삶의 진실은 물론 이 삶을 다루는 문학의 진실도 구하기 어렵다. 치우친 마음을 바로잡고 이 마음을 비울 때 사람은 사물의 핵심으로, 더 큰 세계의 한가운데로 다가설 수 있다.

세계는 단순히 분석과 진단과 설명과 주장으로 끝나는 게 아니라 분석과 아울러 이 분석이 놓치는 것이 무엇인가를 고려할 때, 우리는 세계의 전체, 그 온전한 실상으로 나아갈 수 있다. 혹은 이렇게 파악된 것이 대상의 일부라고 해도, 이 일부는 결핍과 누락을 헤아리는 이런 정신으로 인해 전체에 열려 있을 수 있다. 이 열려 있음이 곧 감각의 풍요성과 사고의 객관성 그리고 판단의 공정성을 가능하게 하는 것이다. 행동과 윤리의 문제는 그다음의 문제지만, 마음을 비워내는 영육의 훈련에서 실천은 이미 시작된다고 볼 수도 있다. 그리하여 사무사는 김우창의 비평과 언어와 사유를 관통하면서 삶의 생활적 수칙으로 뿌리내려 있는 것이다.

글에서는 그 글을 쓴 사람의 현존presence이 느껴질 수 있어야 하고, 글은 그 필자의 실존existence을 육화한 것이어야 한다. 글의 진실성은 바로 여기에서 나오고, 인문적 삶의 기술도 여기에 있다. 우리는 말한 대로 행하고 행한 대로 글을 쓰며, 삶은 이런 글의 축적이자 경로이고 역사로 자리해야 한다. 글이 삶과 분리된 것이라면, 그래서 학문이 생활과 무관한 것이라면, 그 글은 누구를 위해 있는 것이고, 도대체 어디다 쓸 것인가? 그것은 지금 여기의 좁고 비루한 삶으로부터 그 너머를 희구하고, 이 희구로부터 현재적 삶의 빈약성을 다시 반성하는 데 존재이유를 갖는다. 비평도 문학도 그리고 학문도, 그 일을 하는 사람의 생활에, 나날의 생존 현실에 육화되지 못한다면, 거죽에 불과하다.

그러므로 글의 존재이유는 어떻게 감각의 침전과 사고의 냉각을 막으면서 자기쇄신적 삶의 기쁨을 북돋을 수 있는가에 있다. 언어의 신선함은 감각과 사고의 신선함으로부터 나오고, 감각과 사고의 신선함이란 곧 삶 자체의 신선함에 다름 아니기 때문이다. 문학과 비평, 철학과 예술을 포함한 문화적 활동은 이러한 자기갱신적 형성의 활동으로부터 시작하여 어떤 본질의 세계—본질적 세계의 풍요로운 다채성을 탐색한다. 비평은 넓고 깊은 미지의 가능성에 대한 탐구이고, 이 탐구의 바탕에는 자기쇄신적 기쁨이 있다. 작품 창작이 전적으로 새로운 세계와의 만남이고 이 세계의 형상화이듯이, 비평은 이렇게 창조된 세계를 해석 속에서 새롭게 재구성한다.

그렇다면 비평의 비평은 어떠한가? 메타비평 역시 독자적 비평에 대한 독자적이려는 자기쇄신적 갈망에서 시도된다. 기존과는 다른 자기이고자 하는, 자기 자신의 다른 목소리를 만들고자 하는 절박한 심정과 이 심정 속에서 추동되는 표현적 노력이 없다면, 책의 생명은 결코 길 수 없다.

나는 이 책의 독자가, 이미 언급했듯이, 두 가지—지극히 포괄적이면서도 정밀한 김우창의 비평 정신과 이 정신을 더듬는 나의 어떤 문제의식을, 만약 그럴 수 있다면, 느꼈으면 한다. 그러나 이것은 덤으로 갖는 바람일 뿐, 무게중심은 물론 『궁핍한 시대의 시인』에 대한 공정한 안내다.

이 책이 『궁핍한 시대의 시인』이 일궈놓은 놀라운 성취의 한켠을 가늠하는 데 조금이라도 도움이 될 수 있다면, 그래서 문학과 비평, 예술과 문화의 고갈되지 않은 가능성을 다시 한 번 성찰하는 계기를 갖게 한다면, 지금의 이 시도는 그 나름의 몫을 해낸 것이 될 것이다. 그러니 잡다한 생각과 뒤엉킨 감성을 걸러내면서 이 고전의 한 문장 한 문장을 천천히 음미하는 것, 그러면서 이 책에 담긴 생각으로부터도 결국엔 몇 걸음 떨어져 자기 자신을 세우게 되는 것, 그래서 마침내 자기의 삶을 주체적으로 살아가는 것이야말로 내 글이 충심으로 원하는 일이다.

방학 때는 늘 그랬던 것 같지만, 특히 지난 여름방학(2010년)은 서너 가지 일을 동시에 하느라 정신이 없었다. 그래서 이 '읽고 쓰기' 작업도 뒤늦게 시작하게 되었다. 7월 중순에 시작된 글의 초고는 8월 초순에 마쳤고, 이틀 사흘 쉰 다음 두 번 정도 퇴고할 수 있었다. 그렇게 한 달이 거의 지나갔다.

'그런대로 되었다'는 느낌은 든다. 『궁핍한 시대의 시인』에만 집중할 수 있어서 이전에 보지 못했던 몇 가지 사항을 집어낼 수 있었고('사실과의 싸움'이나 '범욕주의' 같은), 이렇게 집어낸 사항이 이전의 김우창론에서 내가 강조했던 면의 주요 요소였음도 확인할 수 있었다('움직임'이나 '심미적 윤리' 혹은 '사회적 내면성' 같은). 나는 1999년 가을과 겨울에 쓴 첫 번째 김우창론인 『구체적 보편성의 모험』(삼인,

2001)과는 어떻든지 다르게 쓰려고 했고, 이 책에 언급하지 못했던 부분을 끄집어내고자 노력했다.

2010년 초에 나는 7년 동안 머물렀던 연구소에서 나와야만 했다. 내가 머물 곳은 집밖에는 없었다. 다행인지 불행인지 재수再修하던 큰아이는 혼자 독서실에 다녔고, 그래서 나는 그 빈 방에서 한동안 출구를 찾을 수 있었다. 이 책은 두어 달 머문 바로 그 방에서 그 찌는 듯한 더위 속에 나를 다독이며 쓴 것이다. 지난 무더위는 만만찮았고, 세상의 벽은 이 더위보다 더 강고했는데, 다행이다. 현실의 파고波高를 글로 이겨내는 경우는 드문 듯하고, 이렇게 드문 일이 그 나름의 의미를 갖는 것은 더더욱 드물다. 많은 것이 아득해 보이지만, 이 아득한 것들 가운데 그나마 할 수 있는 덜 허황된 일이 무엇인지 나는 다시 가늠해본다.

이 시리즈를 기획한 부산대학교 인문학연구소와, 이 책의 집필을 제안해주신 부산대학교 영문학과 김용규 선생님께 감사드린다. 부산대학교 인문학연구소 'HK 고전번역＋비교문화학연구단'의 하상복 선생님, 책을 출판해주신 현암사와 편집부의 김수한 주간 그리고 최진규 편집자에게도 감사드린다.

문광훈

1부

방법 ——

여는 글에서도 언급했지만, 고전이 될 만한 어떤 저작을 몇 가지로 범주화하는 일은 부질없는 일이다. 그것은 거의 모든 면에서 일정한 수준에 도달해 있고, 따라서 이 '수준'이란 몇 개의 안이한 개념이나 설명으로 해소될 수는 없기 때문이다. 그러나 그럼에도 전체 그림을 선명하게 파악하려면, 어떤 윤곽은 필요하다. 그래서 때로는 단순화된 구분과 요약도 하게 된다.

제1부의 방법 아래 「1장 철저성」과 「2장 사실 착근」을 묶었다. 이 두 가지는 김우창 비평의 원리 혹은 원칙으로 삼을 만하다. 우선 「1장 철저성」을 살펴보자.

1장 철저성

바른 사고가 부재하는 곳에 의견은
사고를 대신한다.

김우창, 「사고와 현실」, 『궁핍한 시대의 시인』, 337쪽

김우창의 거의 모든 글이 그렇지만, 『궁핍한 시대의 시인』[1]을 처음부터 끝까지 다시 읽고 나서 내게 든 첫 번째 생각은 철저함이었다. 어떤 철저함인가? 말하자면 그것은 두루 걸쳐 있는 철저함이고, 관련되는 사안의 모든 요소에 적용된 철저함이다. 즉 김우창의 철저함은 전방위적인 것이다. 그래서 어떤 항산恒山의 무게가 느껴진다. 언제나 변함없이 우뚝 서 있고, 지금까지와 마찬가지로 앞으로도 서 있을 것 같은 산과 같은 글이고 저서라는 느낌. 고전은 항산의 느낌 없이 존재하기 어려울 것이다.

　다면체와도 같은 이런 비평적 세계에 과연 어떻게 접근하는 것이 좋을까? 그 많은 면모들 가운데 어

1　김우창, 『궁핍한 시대의 시인』, 민음사, 1977, 1985년 중판. 이하 인용은 본문 안에서 쪽수로 표기.

사무사 思無邪

떤 것이 하나의 출발점으로 적당할까? 나는 그것이 자기 물음이라고 생각한다. 김우창은 자기 물음에서 시작하여 무엇보다 '감정의 정확성'을 꾀하려 하고, 이 정확한 감정에 도달하기 위해 '구조적인 사고'로 대상의 전체를 파악하고자 노력한다.

자기 물음

> 문제는 상황 속에서 파악되어야 하되, 그 상황 자체도 문제로서 검토되어야 하며, 그렇게 하기 위해서는 우리는 우리의 문제를 전체성에 이를 때까지 밀고 나가야 한다.
>
> 김우창, 「물음에 대하여」, 『궁핍한 시대의 시인』, 417쪽

김우창의 글은 그 어떤 것이나 글을 쓰는 그 자신의 존재를 느끼게 한다. 필자가 단순히 논의되는 대상이나 사안을 '대상적으로 다루는' 데 그치는 것이 아니라, 그것을 직접 껴안고 씨름하며 관찰하고 분석하고 진단하고 해명하고, 때로는 멀찌감치 앉아 명상하는 듯한 느낌을 주는 것이다. 말하자면 실감實感이라고나 할까. 글이 살아 움직인다는 느낌을 갖게 하는 것이다.

　글에 담긴 감정은 생생하고, 사고는 글이 진행됨에 따라 논리를 더해가며, 그래서 독자 편에서는 뭔가가 축적되고 체계화되어간다는 느낌을 그것은 준다. 그의 글을 읽고 나면, 흐트러져 있던 인상들이 가지런히 배열되고 혼돈스러웠던 현실의 풍경이 일정하게 자리

를 잡으면서 어떤 질서가 만들어진다는 생각을 갖게 되는 것도 그 때문일 것이다. 그리고 그러면서도 어떤 불합리하고 모호한 것은 그 냥 사라지거나 젖혀지는 것이 아니라, 이 풍경의 옆 자리에서 그 나름의 조명을 받는다. 이것은 어디에서 오는 것일까? 그것이 어떻게 가능한 일일까?

김우창은 모든 주어진 물음을 그것이 생겨난 맥락을 헤아리면서도 이 물음을 자기 질문 속에서 변용시킨다. 다른 논자나 저자의 문제의식도 있는 그대로 답습하는 것이 아니라, 그가 다루는 문제와 연관하여 일정하게 변조시켜 받아들이고, 이렇게 자기 언어에 담아 그것을 그가 말하려는 논리와 사고의 일부로 만들어버린다. 그리하여 그 이음매는 거의 표가 나지 않는다.

여기에서 대상은 기존의 모습을 보이면서 어떤 새로운 면모도 드러낸다. 논의되는 개별적 대상 그 하나가 아니라 대상과 이 대상을 에워싼 테두리가 새롭게 그려지는 것이다. 그것은 그의 감각과 사고와 언어가 납득할 만한 평가와 독자적인 표현 그리고 책임 있는 판단을 하고 있다는 뜻이다. 말하자면 그는 '주체적 실천'을 하고 있는 것이다. 그렇다는 것은 다뤄지는 사안에 대하여 그가 외적·피상적 관계에 있지 않다는 것, 그래서 소외되지 않았다는 사실을 말한다. 적극적으로 말하자면, 어떤 물음도 남들이 제기하는 것을 있는 그대로 따라 하거나, 기존의 방식대로 반복하는 데 그치는 것이 아니라, 자기 식으로 변용하여 주체적으로 재해석하고 재구성한다는 것이다. 이러한 주체적 해석 실천 속에서 그는 자기 자신의 변형과 사회의 변화를 도모하고, 보여지고 이룩된 것에서 보이지 않고 이뤄지지 않은 것의 가능성을 탐색하는 것이다.

김우창의 시각은 제약과 가능성을 동시에 파악하고자 하고, 그래서 대상과 그 테두리의 있을 수 있는 관계와 그 불가능성까지 함께 고려하려고 한다. 그러면서 이 포괄적 고려는 늘 주체 자신의 지금 여기—현재적 현실과 비교되면서 의미의 경중輕重과 우선순위가 가늠된다. 말하자면 주체와 대상 사이, 중대성의 높음과 낮음 사이, 논의 대상의 시간과 논의 주체의 시간 사이를 부단히 왕래하면서 그는 결국 지금 여기의 현재성 속에서 그 모든 것을 평가하는 것이다. 김우창의 비평이 철저하게 자기 물음으로부터 시작한다면, 이때의 자기 물음이란 그러므로 자기 감각과 자기 해석, 자기 평가와 자기 분석, 자기 표현과 자기 형식으로 이루어진다고 할 수 있다. 그리고 이 모든 것은 자기 표현의 언어에 담긴다. 이것은, 더 진척되면, 물론 자기 행동의 가능성으로 귀결될 것이다. 그러면서 이 시도는 종국적으로 있을 수 있는 여러 평가 가운데 하나의 것으로 간주된다. 자기 논의와 자기 입장으로부터 그는 스스로 거리를 유지하는 것이다.

그러므로 자기 물음을 가져야 한다는 것은 물음의 주체성을 가져야 한다는 뜻이지, 자기 아집 속에 빠져든다는 뜻이 아니다. 그것은 사안을 그 자체에서 사고할 뿐만 아니라 그 사안이 자리한 상황 아래 사고한다는 것을 뜻한다. 그렇다는 것은 이미 주체 속에서 주체를 에워싼 현실의 맥락과 조건을 고려한다는 것이고, 주체 속에서 주체를 넘어선 세계로 열려 있다는 뜻이다. 이 점에서도 나는, 나중에 언급할 것이지만, 말의 엄밀한 의미에서 '비평적 개성'의 흔적을 본다.

김우창의 글에는 다양하게 전개된 분과학문적 고찰과 검토에 대한 통합적 인식과 사고의 결과가 들어 있지만, 대부분은 어떤 거칠고도 생경한 질료가 아니라 그가 다루고자 한 주제를 보완하는 하나의 보조 자료로서 그 자신의 사유적 건축술에서 말끔하게 용해되어 자리한다(이 점과 관련해 나는 '사유의 다성적 편성술orchestration'을 얘기한 적이 있다). 이것은 그의 글 대부분에서 나타나는 것이지만, 아마도 가장 좋은 예는 「나와 우리: 문학과 사회에 대한 한 고찰」이 될 것이다. 여기에서 그는 나와 타자의 얽힘은 세계로의 개방 구조에 이미 들어 있다는 점을 다각도로 설명한다. 이 점은 매우 세심하게 읽어야 된다.

김우창은 윌리엄 제임스William James의 심리학적 논의를 참고로 하여 자아란 "열려 있음의 한 방식"이라는 것, 단순히 "폐쇄적인 단자單子"가 아니라 "세계의 일정한 원근법적인 열림 속에 있는 하나의 기하학적 점과 같은 것"이고, 따라서 그것은 "고정된 점이 아니라 움직이는 점"이라고 설명하기도 하고(396쪽), 회화와 관련해 원근법에는 하나의 관점에 "여러 다른 관점들이 귀신처럼 서려 있"어서 "여러 관점의 종합화"가 일어난다는 것, 그래서 세잔 이후 현대 화가는 일원적·기계적 원근법을 포기하게 된다고 말하기도 하며(397쪽), 피에르 카우프만Pierre Kaufmann의 현상학적 공간 분석에 기대어 하나의 대상이 지각되는 데도 여러 국면/관점들이 일정하게 통일됨으로써 가능하다는 것, 이런 관점에는 이미 타자의 관점이 녹아 있고, 따라서 타자는 의미 생성의 공동 참여자라는 것을 밝히며 (402쪽), 유아의 지적 성장에 대한 메를로-퐁티의 연구, 특히 거울 영상과 관련해 거울에 비친 모습을 자기 것으로 알게 되는 것은 아이가 '타자의 관점을 취함으로써'라는 사실(403쪽)을 언급하기도 한다. 사실 자아의 상호주관성 또는 자아와 타자의 상호삼투적 관계라는 문제는 문학 이론과 사회철학 그리고 정치철학에서 가장 중요한 주제 중 하나임에 틀림없다. 그런 의미에서 김우창의 이러한 분석은 매우 포괄적이면서도 명료한 그리고 정밀하고도 유연한 비평적 해명으로 여겨진다.

김우창의 분석은 자아의 활동에는, 그것이 지각 활동이건 인식 활동이건 혹은 지능 활동이건 간에, 타자적 존재가 개입한다는 것을 보여준다. 이것은 그 자체로 자아의 관점에 타자적 관점이 포개져 있고, 주체의 지각에 타자적 지각이 결부되며, 하나의 인상과 시각에 다른 인상과 시각이 겹쳐 있다는 점을 알려준다. 이것은 단순히 나와 남의 상호관계 혹은 자아와 타자의 상호의존을 말하는 데 그치는 것이 아니다.

더 중요한 사실은 우리의 인식이란 필연적으로 여러 상이한 관점들의 종합과 보완을 통해 만들어지며, 또 그렇게 이뤄져야 한다는 점이다. 이것을 일반적 맥락에서 말하면, 나와 너, 나와 우리가 따로 있는 것이 아니라 나의 활동 속에 이미 너와 우리가 겹친 채 지각과 의식, 사고와 관점이 발생하고 만들어지고 또 발전해간다는 것이다.

이렇게 보면, '문학은 일체의 대상을 비판한다'와 같은 주장은 단순한 것일 수도 있다. 왜냐하면 대상에 대한 비판은 이렇게 대상을 비판하는 주체 자신의 비판과 필연적으로 겹쳐 있기 때문이다. 문학은 구체적·개별적·개인적 진실에서 시작하는 것이고, 따라서 개인에 대한 성찰과 주체 비판은 우선적이다. 그리고 이 주체 비판 속에서 문학은, 원하든 원치 않든, 이미 대상 비판의 일부를 행하고 있고, 따라서 대상 비판과 주체 비판은 서로 겹친 채 인간 해방으로 나아가는 것이다.

그리하여 주체의 객체화/사회화는, 마치 사회의 주체화/내면화처럼, 밖으로부터 부과되거나 개념으로 설명될 일이 아니라 본래부터 있는 어떤 '존재론적 조건'이 된다. 여러 관점의 교차와 종합은 객관성으로 나아가기 위한 필연적 요청이다. 그렇다는 것은 이런 요청 없이도 연속체적 공존 관계는, 때로는 현상적으로 나타나지 않을지라도, 하나의 유동하는 움직임이자 변형 가능성으로서, 적어도 암묵적으로는 지속한다는 의미이다. 주체의 객체화 혹은 나와 세계의 겹침은 분명한 하나의 존재론적 사실로 처음부터 있는 것이다.

그렇다면 이런 관점의 (의식적인) 교차와 종합은 무엇을 위한 것인가? 그것은 말할 것도 없이 좀 더 납득할 수 있고 좀 더 공정하며 좀 더 이성적인 삶의 근거를 마련하기 위한 것이다. 이런 공적 근거를 확보함으로써, 김우창의 논의 맥락에서는, 만인萬人 대 만인의 홉스적 투쟁이 종식될 수 있기 때문이다. 이것은 물론 인간 해방의 길이고, 이 해방 속에서 사랑과 평화 그리고 자유가 얻어질 것이다. 이 모든 해방의 기쁨은 이러한 공동 근거가 확보된 다음에야 가능할 것이다. 그 근거란 다시, 평이하게 보면, 공동감각common sense(상식)이라고 할 수 있고, 근본적으로는 전체성 혹은 보편성이 된다. 이 보편성에서 나와 너, 자아와 타자, 부분과 전체는 하나로 지양된다. 참다운 주체는 객체의 매개를 통해 완성되고, 주체 비판과 객체 비판은 전체성을 향한 기나긴 여정에서 하나로 만나 공동의 비폭력적 토대—삶의 공존적 유대를 향해 나아간다. 문학이나 예술이 상기시키는 것이 바로 이 보편성의 공동 근거다.

그러나 문학은 보편적이고 일반적인 것이 아니라 구체적이고 개별적인 것을 통해 보편성의 공동 근거를 상기시킨다. 왜냐하면 구체적이고 개별적인 것은, 이미 살펴보았듯이, 그 테두리와 겹쳐 있기 때문이다. 그리하여 주객 상호작용의 출발점은, 특히 문학에서는, 어디까지나 개별이고 특수고 개체고 개인이며 주체다. 그리고 이 주체란 처음부터 확정된 것이 아니라 '만들어져야 할 것'으로 자리한다. 주체의 주체적 구성은 곧 주체를 둘러싼 상황/현실의 문제적 구성과 겹친다. 이 점은 강조되어야 한다. 김우창은 「물음에 대하여: 방법에 대한 시론試論」에서 이렇게 적고 있다.

> 나의 진정한 주체성은 회복되어야 할 어떤 것이다. 그러니까 상황을 주체적으로 구성 변조한다는 것은 동시에 가장 엄격한 자기반성을 통하여서든, 다른 방법을 통하여서든, 나의 주체를 재구성, 개조한다는 것을 뜻하기도 한다. 이것은 달리 말하여, 나의 상황은

단순히 내 주체적 의지의 실현대상으로만 있는 것이 아니라, 나의 주체의 내용을 결정하는 작용을 한다는 것을 뜻한다. 내 상황이 주체적으로 구성되는 그때에 나의 주체성도 그 본래의 자유를 회복한다. 이때에 나의 문제도 진정한 의미에서의 주체적인 물음이 된다. (420쪽)

글의 핵심은 주체성이란 처음부터 완성된 것이 아니라 부단히 "회복되어야 할 어떤 것"이라는 것, 그리고 주체의 재구성이 곧 주체가 처한 상황 자체의 재구성이라는 점이다. 상황은 주체를 규정하면서 이 주체로 하여금 상황을 규정하도록 한다. 그러므로 자아는 자기 폐쇄적인 것이 아니라 세계에 대하여 개방적이다. 혹은 더 정확하게는, 상호삼투적이다. 주체의 구성과 상황의 구성은 따로 분리된 것이 아니라, 상호삼투적으로 일어나는 하나의 동일한 구성적 사건인 것이다.

주체는 자기를 구성하듯이 자기를 둘러싼 상황을 구성하고, 이 상황의 주체적 구성 속에서 자기의 본래적 자유를 회복한다. 그리고 이런 자유의 회복을 통해 그는 마침내 주체성을 획득한다. 또는 상황의 주체성을 자기 것으로 내면화할 때, 자아의 주체성 역시 완성을 향해 나아가게 된다. 이런 확대 속에서 주체는 역사의 보편적 지평으로 다가서는 것이다.

그리하여 자아의 주체성을 회복하는 길은 자기 자신의 보편성을 회복하는 길과 다를 수 없다. 그것은 참된 자아를 찾는 길이고, 참

사무사 思無邪

된 자유를 행사하는 일이다. 그러므로 다시 필요한 것은 자기 물음이고, 이 자기 물음에서 가능한 어떤 문제적 시각의 확보다. 왜냐하면 이런 문제적 시각을 통해 주체는 자기 물음을 제기할 수 있기 때문이다. 우리는 자기 물음을 통해 마침내 세상을 문제로서 대할 수 있다. 그렇다는 것은 주어진 관념이나 기준을, 마치 교리문답에서처럼, 그대로 반복하거나 모방하는 것이 아니라 독자적으로 질문하는 것이고, 이 문제를 자기 자신의 기준 아래 자발적으로 고찰하고, 그 자신의 책임 아래 스스로 판단한다는 것이다. 결국 주체 구성은 주체의 상황적 구성이면서 동시에 주체적 변형의 가능성에 대한 고민이다. 이 자기 변형의 주체적 가능성으로부터 자유의 가능성도 자라나온다.

여기에는 세상이 그 자체로 조화되지 않는다는 것, 오히려 모순과 균열로 가득 차 있다는 것, 그래서 불순한 현실과의 만남으로부터 삶은 조금씩 갱신될 수 있으리라는 믿음이 깔려 있다. 문제적 자기 물음은, 적어도 그것이 제대로 된 것이라면, 그 자체로 주체의 창조적 실천성을 증거하는 일인 것이다. 그래서 김우창은 이렇게 쓴다. "사람은 문제를 통하여 세계를 주체적인 실천의 장으로 파악한다"(358쪽). 왜냐하면 이런 문제적 문제 제기 혹은 자기 물음 속에서 개체와 일반, 부분과 전체, 개인과 사회, 자유와 필연의 함수관계는 새롭게 재조정될 수 있기 때문이다.

문학은 바로 이 두 축의 얽힘, 그 변증의 생성 경로를 걷는다. 그것은 개인의 실존적 진실성으로부터 사회의 전체적 진실로 나아가는 묘사와 사고와 반성의 움직임인 까닭이다.

"감정의 정확성"

『궁핍한 시대의 시인』에 내장된 철저함은 놀랄 만하다. 이 철저함은 단순히 '열렬함'을 뜻하는 것이 아니다. 감성의 열도는 어떤 일을 추진하게 하는 하나의 중요한 동력임에는 틀림없다. 그러나 정열은, 그것이 일정하게 제어되지 못할 때, 오래가지 못한다. 선의의 열정이 사실과는 무관한 과장이나 분식粉飾으로 변질되고 마는 것을 우리는 얼마나 자주 보아왔는가?

시인 김수영은 흥분하면 감정도 상품이 되고 사기가 된다고 썼지만, 과장된 감정은 신뢰하기 어렵다. 정열과 사태 오판 사이에는 종이 한 장의 차이가 있을 뿐이다. 이 변덕스런 정열을 '견고한 정열'로 만드는 것은 차가움이다. 정열을 오래가게 만드는 것은 신중함이다. 이 신중함은 사고력으로부터 온다. 이 점은 강조되어야 한다. 왜냐하면 감성주의란 한국 문화 특유의 취약성이기도 하고, 한국 문학의 그리고 좀 더 넓게는 한국 학문 공동체의 고질적인 병폐인 까닭이다. 감성주의에 대한 경계는 이런 의미에서 아직도 유효하다.

감성주의 경계

태도의 철저함이 치열성의 표현이라면, 이 치열성은 의지와 의욕의 징표임에 틀림없다. 어떤 의지이고 의욕인가? 그것은 사안을 그 핵심 속에서 꿰뚫어 파악하려는 노력이고, 그 점에서 객관성을 향한 의지라고 할 만하다. 차가운 신중함은 이런 객관의 정신에서 나올 것이다. 이 객관 정신은 사실에 밀착하려는, 혹은 사실에 어긋나지 않으려는 명증성明證性, evidence의 의지와 다를 바 없다.

물음의 정열은 이 명증성의 의지로부터 나온다. 그것은 사실적 자세고 과학적 태도다. 김우창의 정열을 지탱하는 것은 바르게 보려는 의지이고, 계속 물으려는 자세다. 그것은 시종여일하다는 점에서 철저하고, 이 철저함이 감성이 아닌 이성으로 무장되어 있다는 점에서 냉정하다. 이 냉정함은 즉물적이고 사실적이며 건조하다. 이것은 이성의 객관적 정신에서 나온다. 이것이 없으면, 감성의 세계는 소진되거나 그 물음은 오래가지 못한다. 혹은 있다고 해도, 그것은 사물의 심층 속으로 파고들기 어렵다. 그래서 사물의 표면에서 어정쩡한 상태로 해소되고 만다.

감정만으로는 단명短命할 뿐이다. 객관성을 향한 김우창의 이런 노력은 가히 전면적이다. 그것은 사안의 복잡다기한 굴곡을 감지하는 감각의 철저함이고, 이 감각의 내용을 논리적으로 헤아리는 사유의 철저함이며, 이 사유의 내용을 적실하고 정확하게 표현해내는 언어의 철저함이자, 이런 철저한 언어에도 불구하고 그 표현과 거리를 두려는 반성의 철저함이다.

바로 이런 반성력으로 인해 김우창의 글은 자기 논지에 대해서도 늘 유보감을 갖는다. 말해진 무엇이 결코 말해져야 할 모든 것이 아니라 그 일부에 불과하고, 이 일부도 일정한 개인적·사회적 제약 아래 조건 지어져 있다는 사실을 밝히거나 적어도 의식하는 것이다. 이러한 유보감은 『궁핍한 시대의 시인』의 서문에 이미 잘 나타난다. 이 글에서 그는 자기 글이 난해한 인상을 주는 것은 "개인적인 역량의 미급" 이외에 "우리의 안으로부터도 작용하는 사실의 은폐 작용, 사고의 자기 제한에 관계된 것이 아닌가 하는 의심"을 갖는다고 고백한다. 즉 난해하려고 난해한 것이 아니라 언어와 표현에는 어쩔 수 없는 제약의 불가피성이 개재介在한다는 것이다. 그러니 이것은 하고 안 하고의 문제가 아니라, 그냥 받아들여야 하는 일이고, 그 때문에 판단의 대상이라기보다는 불가피하게 받아들여야만 하는 관용寬容의 대상으로 변한다. 이것은 전방위적으로 작동하는 이러한 자의식이 내장된 결과가 될 것이다. 그리고 바로 이런 자의식이 그의 글의 견고함을 지탱한다. 이 자의식이란 물론 반성적 의식이다.

『궁핍한 시대의 시인』 곳곳에는 이런 전방위적 냉정함 혹은 서술의 객관 정신이 나타난다. 그 많은 것들 중에서 어느 것을 예로 드는 것이 적당할까? 두 가지만 예를 들어보자. 첫째는, 시인 김종길의 시론에 대한 평문이고, 둘째는, 한용운의 소설에 대한 평가다.

「감성과 비평—김종길 저 『시론』」에서 김우창은 세련된 감수성과 정확한 감식력에도 불구하고 김종길의 비평 어휘와 사실 판단에는 불철저하게 사고된 것이 많고, 개별 시에 대한 감식가적 집착으로 말미암아 시를 에워싼 현실의 복합적 연관관계에 대한 관점은 상실되고 만다고 지적한다. 그의 비평적 추론의 호흡이 짧아진 것은 그 때문이다. 다음의 문장은 그 점에 관한 것이다.

사무사 思無邪

비평이 단순히 그때그때의 재단裁斷과 처방處方을 넘어서서 지속적인 기능을 발휘하고 미래로 향하는 근거를 마련하려면 그것이 감식 행위에 그쳐서는 안 되며 보다 큰 통일은 언제나 그 자체로서 바람직한 일이라는 말만은 아니다. 우리의 감수성이 믿을 수 있는 것이기 위해서는 무정형無定形하고 유동적流動的인 것은 지속적인 구조와 일관성 있는 언어 속에 파악되어야 한다. (307쪽)

여기서 분명히 지적되는 것은 비평이 단순한 감식 행위가 아니라는 점이다. 그것은 대상에 대한 "그때그때의 재단과 처방"이 아니라, "지속적인 기능을 발휘하고 미래로 향하는 근거를 마련"해야 한다. 그러기 위해서 "무정형無定形하고 유동적流動的인 것은 지속적인 구조와 일관성 있는 언어 속에 파악되어야 한다." '견해'가 아니라 '사고'가 필요한 것은 이 대목이다.

견해란 김우창에게 곧 불철저한 사고를 뜻한다. 사고가 불철저한 데도 물론 여러 가지 이유가 있다. 그러나 주된 이유는 생각이 변화하는 현실의 흐름에 탄력적으로 대응하지 못하기 때문이다. 말하자면 주체가 현실을 스스로 조명하고 반성할 수 있는 자기 동력을 잃어버렸기 때문이다. 그렇게 될 때, 대상은 새롭게 사고되기보다는 기존의 사고를 답습한다. 습관화된 사고 속에서 많은 것은 '해도 좋고 안 해도 무관한' 무반성적인 것으로 남는다. 한국의 신문학新文學 이후의 비평사를 바라보는 그의 기본 관점도 이와 같다.[2]

사고가 있다는 것은 논리가 있다는 것이고, 논리에는 필연적으로 체계화가 개입한다. 사고란 체계화된 논리에 다름 아니다. 이 사고의 논리를 보장하는 것이 사상, 즉 철학이다. 이 철학의 힘으로 사고는 사건과 상황, 대상과 현실의 전체 맥락을, 이 맥락의 그물망적 관계를 깊이 있게 해석해낼 수 있다. 철학이 없을 때, 생각은 피상화되고 감각은 부유浮遊한다. 교양과 세련이 이렇게 어설픈 상태를 그는 '스노비즘snobism'이라고 부르면서, 이것을 "어떤 종류의 성질을 신성시하면서도 그것의 경험이나 사실에 있어서의 근거를 진정으로는 인식하지 못하는 태도"라고 정의한다(308쪽). 결국 속물주의란 부분에서 전체를 사고할 수 있는 이성적인 힘의 부재를 뜻한다. 혹은 어떤 감정과 판단의 근거를 선명하게 인식하지 못하는 서투름 혹은 불철저성이다.

그렇다. 속물근성이란 불철저한 사고의 다른 이름이다. 그러므로 부분과 전체, 상황과 맥락을 잇지 못하면, 우리는 속물주의자가 되고, 있어도 되고 없어도 되는 변덕스런 의견의 산출자만 되는 것이다.

이런 관점에서 보면, 비평의 언어는 단순히 감각만으로 되는 것이 아니다. 그것은 또 관념의 소산도 아니다. 관념이 주체의 내면으로 체화되지 못한다면, 그것은 현상을 겉돈다. 그래서 사실의 심부에 다가가지도 못하고, 사실을 올바르게 판단하지도 못한다. 그것은 현상의 표피 혹은 경험의 파편에 집착한다. 그리하여 그 시야는 협소하고 편향될 수밖에 없다. 언어도

2 김윤식의 저서 『한국근대문예비평사연구』와 『근대한국문학연구』에 대한 서평인 「사고와 현실」에서 김우창은 이렇게 적고 있다. "김윤식 씨의 두 근저(近著)를 읽고 얻은 인상으로는 신문학 이후에 행해진 비평적 사고의 대부분이 거의 이래도 저래도 좋은 의견의 세계에 속한다는 것이다."(326쪽) 이러한 논평은 그 자체로 한국 비평사에 대한 참으로 강력하고 엄중한 비판의 예가 아닐 수 없다.

마찬가지다. 자기 것으로 체화되지 못한 언어와 관념은 사실과 경험의 객관적 이해를 방해한다. 이렇게 될 때, 지식은 껍데기가 되고 교양은 보여주기 위한 것이 된다. 거짓과 허위의 속물근성은 여기서 생긴다.

그러나 언어는 경험의 세부에 밀착해야 하고, 사고는 경험을 에워싼 현실적 테두리를 고려해야 한다. 그리고 판단은 사실과의 이런 만남, 갈등에 찬 싸움에서 매번 새롭게 정립되어야 한다. 그렇다는 것은 사안을 가능성과 한계의 관점에서 맥락적으로 사고해야 한다는 뜻이다. 이때 현실은 하나의 가능성이 아니라 여러 가능성을 가지고, 사고는 자신의 움직임 속에서 현실의 다원적 가능성에 상응한다. 사고의 가능성과 현실의 가능성은 이상적 차원에서 만나는 것이다. 이 만남에서 대상의 본질은 잠시 포착될 수 있다. 이것을 김우창은 "심부 해석의 기술"이라고 평한다(327쪽).

심부 해석의 기술이란 곧 사고의 기술이지만, 이 사고술思考術은 물음에서 나온다. 의미는 마땅히 이 물음을 통해 획득되어야 한다. 그렇지 않고 처음부터 만들어진 것으로 작품에 부과되고, 또 독자에게 내던져질 때, 그것은 독단이 된다. 진실한 것이 되려면, 물음의 검증을 견뎌내야 한다. 김우창은 그 어떤 대상도 절대화/신화화/신비화하지 않는다. 그는 예를 들어 '민족'이나 '역사'도 "여건 내지 조건이지 이상理想이 아니라는 점"을 강조한다(331쪽). 그것은 "인간 생존의 사실적 구속성facticité을 이루는 요건의 일부"라는 것이다(331쪽). 민족이나 역사도 수단이지 그 자체로 목적은 아니며, 따라서 인간의 자유를 조건 짓는 하나의 가능성이 된다. 새로운 물음에서 사고도 현실도 자체 갱신의 가능성을 열어 보인다. 그렇지 않다면? 무의미한 되풀이만 이어진다(이와 유사한 지적은, 신동엽의 서사시 『금강錦江』이 시의식의 새로운 차원을 열어 보인 성취에도 불구하고 감정과 역사의 단순화에 그친다는 진단에서도, 나타난다).

김종길에 대한 이러한 평가는 그의 두 번째 시론집인 『진실과 언어』에 대한 김우창의 평문에서도, 정도와 방점의 차이는 달리한 채로, 이어지는 것으로 보인다. 김우창은 김종길의 비평이 영미 비평의 분석적·경험주의적 전통을 이어받으면서도 한국의 전통, 특히 선비의 전통에 뿌리박고 있다고 전제한 후, 논조의 정연함과 균형 잡힌 문장, 조탁된 언어 등 여러 장점을 먼저 언급한다. 그러면서 "비평가로서는 드물게 보이는 스타일리스트"라는 점도 지적한다(312쪽). 그리고 무엇보다 "지적·도덕적 정직과 절제"가 두드러진다는 점에서 그의 시론을 "염결성廉潔性의 시학"이라고 이름 붙인다(312쪽).

시는 언어의 독자적 의미 구조물이면서 이 시가 자라나온 사회의 일관된 생활방식과 문화적 방식의 산물이다. 시는 이런 문화적 체험을 표현하는 언어적 작업이다. 그래서 시적 진실은 시인의 체험적 진실과 만나고, 시의 품성은 인간의 정신적·실천적 가능성을 하나로 담은 문화적 품성의 표현이 된다. 그리하여 시에서 문화를 만날 수 있듯이, 시 안에서 내용과 형식, 개인과 집단은 하나로 통합된다. 이러한 진술은 김우창에게 자명하게 여겨지지만, 그러나 그 논리적 절차는 그리 정밀하다고 말하기 어렵다. 왜냐하면 어떤 상황, 어떤 조건 아래에서 시의 내용과 형식, 개체와 전체가 만나는지에 대한 고찰 "그 일체성의 조건에 대한 고찰"이 "등한시"되었기 때문이다(315쪽).

그러므로 중요한 것은 바람직한 시의 이념이 실현될 수 있는 가능성의 조건에 대한 체계적 검토다. 체계적 검토가 전제되지 않는다면, 그 이념은, 그것이 아무리 좋은 것이라도, 쉽게 무너질 수 있다. 상투화되기 때문이다. 그리하여 '염결성의 시학'이, 그것이 사유적으로 체계화되지 못할 때, 염결하지 않을 수도 있다. 순수한 정신도 체계의 깊이를 얻지 못하면 순식간에 불순하게 된다.

지적 정직성이나 절제는, 이것이 부단한 자기 검증을 견뎌낼 수 있을 때, 비로소 살아남을 수 있다. 양심이나 양식도 마찬가지다. 문화적 품성은 다른 것인가? 문화의 건전성이란 문화 자체가 산출해낸 가치와 이념을 그때그때의 상황과 사회관계 속에서 지치지 않고 스스로 시험하고 검토할 수 있을 때, 그래서 이 시험에 언제나 준비가 되어 있고 이 검토를 이겨낼 수 있을 때, 비로소 활력을 유지할 수 있다. 이때 검토와 시험이란 언어와 사고에 의한 검토와 시험이란 뜻이다. 시의 가능성이란 사고와 언어의 이 같은 검증을 얼마만큼 견뎌내는가에 따라 가늠될 수 있다. 가능성은 곧 내구력耐久力에서 온다.

김우창은 김종길이 강조하는 선비(황매천과 이육사, 윤동주, 유치환 그리고 조지훈)의 강인한 기개와 기백이 스스로의 도덕관념을 넘어서는 것이 아니라 기존의 권력체제에 대한 절대적 충성과 복종을 전제한다는 점, 그 때문에 많은 지조 있는 유학자들은 은둔과 낙향 혹은 유배의 삶을 살았으며, 바로 이 점에서 "유교의 윤리가 반드시 삶의 적극적인 확충의 윤리가 아닌 것"이라는 점을 예리하게 지적한다(320쪽). "참다운 도덕은 도덕을 폐기할 수 있"는 데까지 나아갈 수 있어야 한다(321쪽). 그는 이렇게 적는다.

> 사실 유교 유산의 문제는 한국 현대 정신사의 가장 중요한 문제로서 가볍게 다룰 수 없는 것이다. 다만 확실한 것은 인간이 그의 정열에 어떠한 제한을 받아들이는 것이 불가피하다 하더라도 그것은 시대와의 함수관계에서 일어나는 하한下限의 논리로서일 뿐, 인간의 구극적인 추구는 윤리를 넘어서는 행복의 달성이며, 또 시의 이상도 구극적으로는 이러한 삶의 순진한 표현이기 때문에 유교적 감수성이 그대로 삶의 상한적 표현이 될 수는 없을 것이라는 것이다. (321~22쪽)

여기에서 드러나듯이, 김우창의 시선은 인간의 정열에서 시작하여, 이 정열의 제한에도 불구하고 그 제한 너머를 향해 있다. 그에게는 유교의 가르침 역시 "하한의 논리"일 뿐, 이상적인 목표—"삶의 상한적 표현이 될 수는 없"다. 인간의 열망은 결국 "윤리"를 넘어 "행복의 달성"을 추구하기 때문이다. 이 행복의 달성은 삶의 전체적 가능성을 실현하는 데서 오고, 이 실현은 삶의 보편적 지평에서 일어난다. 시의 이상도 인간 정열의 이러한 표현이다. 그러는 한 시 또한 삶의 보편 지평으로 나아가고, 문화 역시, 그것이 참으로 살아 있는 것이라면, 이 보편 지평을 염두에 둘 수 있어야 한다.

문제는 이런 보편 지평이 지금 실현된 것은 아니라는 점에 있다. 삶의 전체적 가능성은 실현되지 않았고, 보편 지평은 지금 여기로부터 머나먼 곳에 떨어져 있다. 그렇다면 이 상황에서 우리는 어떻게 할 것인가? 이 편협하고 번쇄한 현실에서 우리는 어떻게 각자 사람으로서의 위엄을 잃지 않고 주어진 삶을 향유할 수 있는가? 중요한 것은 바로 이런 물음을 잊지 않고 생활 속에서 던지며 살아가는 일이다. 시와 문화는 바로 이 점—반성적 자기 질의를 장려하고 촉진하는 데 있다. 그것이 시의 자의식이고 문학의 언어이며 문화의 정당성이다. "우리는 문화나 시의 참다운 가치가 한정이나 금지가 아니라 신장과 관용에 있다고 생각한다"(317쪽). 너그러움 속에서 더 넓고 더 깊게 되는 것, 이것이 문학과 문화가 추구하는 바다. 바로 이 점에서 나는 다시 '자기 물음'—자기 물음에서 시작하는 감정의 정확성과, 이 정확성을 위한 객관적 추구, 명료한 언어와 명징한 사고의 힘을 다시 생각한다. 그것은, 다른 식으로 말해, 사실과 현실, 현재와 세부와 구체를 중시한다는 뜻이다. 시의 품성, 문화의 위엄을 말하려면 우리는 언제나 지금 여기의 현실, 이 현실적 사실의 엄정함과 다양성으로 돌아가야 한다.

감정의 정확성을 기하려는 이런 일련의 노력은 사적인 맥락, 말하자면 김종길 시인은 본명이 김치규로서 오랫동안 고려대 영문과 교수로 살아왔고, 그래서 김우창의 선배 교수이자 오랜 동료였으며,

더욱이 서울대에서 근무하던 김우창의 고려대 부임을 적극 추천했다는, 상대적으로 덜 알려진 사실을 우리가 떠올리자면, 의외로 받아들여질 수도 있다. 왜냐하면 한국에서는 일단 지연과 학연 그리고 혈연으로 얽히면, 거의 모든 것이 중단되어버린다는 사실을 모르는 한국 사람은 없기 때문이다. 우리 사회에서 정실주의에 의한 자의적 판단과 자기 중심적 평가는, 끊임없는 비판에도 불구하고 빈번하고도 실로 광범위하게 일어나는 고질적 질환임엔 틀림없다. 학계든 학계 밖이든, 이미 완벽하게 체질화되어 질환으로 인식하기가 어려울 정도다. 놀라운 것은 그러면서도 우리 사회처럼 '도덕'이나 '양심' 혹은 '양식'이란 말이 그토록 흔하게 외쳐지는 곳도 드물다는 사실이다. 이런 상황에서 보면, 30여 년 전에 쓰인 이 글은 분명 이례적이다.

김우창은, 어떤 자리에서건, 할 얘기를 한다. 그것이 '다 하는' 것은 아닐 수 있지만, 적어도 자신의 말에 대한 불필요한 수사나 덧칠을 그는 결코 허용하지 않는다. 이러한 사실 충실에는, 그와 친하게 지내거나 친하지 않거나, 내가 보기에는 예외가 전혀 없는 듯하다. 즉 언어와 사고에 일관성이 있다는 뜻이다. 저서나 작품과 관련지어 말하자면, 글을 이루는 상황 혹은 특정 단계에서의 성취와 의미를 그는 분명하게 적시摘示한다. 그는 사안의 구조와 행위의 과정에 부단히 개입하되, 이렇게 개입하는 자신의 감정과 사고를 최대한 투명하게 만든다.

여기에는 사실 충실만이 거짓의 예방에, 그래서 진실의 신장에 기여하리라는 믿음이 깔려 있다. 김우창의 비평 정신은 사실의 구체로부터 필연적으로 귀납하는 면밀한 사고 형태를 띤다.

생존 현실

한용운 소설에 대한 김우창의 진단을 지탱하는 관점은 김종길의 시론에서보다는 더 복합적이고 거시적으로 보인다. 한용운이 시에서 성공하고 소설에서 실패한 것은 왜 그런가?

　이러한 정황의 시대적 관련성은 무엇인가라는 물음에서 김우창은 자기 논의를 시작한다. 이런 논의에서 거론되는 사항은 많다. 그러나, 줄이자면 이렇다. 그는 한용운의 문장이 사물의 구체성보다는 전통적 구변-사설辭說의 힘에 많이 의존한다는 것, 인간 존재의 사회적 동력학에 대한 이해보다는 미리 주어진 도덕주의와 선험주의 아래 서술된다는 것, 그래서 인물과 사건의 생생한 재현에 실패하고 만다고 평가한다. 그러면서 내리는 결론은 이렇다.

> 다시 말하여 그의 소설이 그랬듯이, 그의 행동에의 의지가 선험적 도덕주의에서 나온다는 것을 안다는 것은 매우 중요한 일인 것이다. 이것은 그의 행동에서 의지가 본질적으로 비사회적, 비정치적이라는 것을 의미한다. 왜냐하면 사회나 정치의 문제는 어떠한 의지를 행동에 옮기는 것에서가 아니라, 어떻게 어떠한 통일적인 행동의지가 사회적으로 성립할 수 있느냐 하는 데서 시작하기 때문이다. 한용운에 있어서 이러한 문제는 일어나지 아니한다. 그에게 있어서 행동에의 의지는 직관적으로 주어진다. 그것은 역사 속에

움직이는 다수 의지에 의하여 시험될 필요가 없다. 그것은 외로운 도덕적 인간의 실존적인 결단이거나 독재적인 의지의 강요이거나 둘 중의 하나일 수밖에 없다. 한용운의 경우, 일제에 대한 저항이라는 긴급한 상태는 그러한 도덕의지의 정치적 의의의 애매성을 드러나지 않게 하였고, 오늘날 그의 행동의지가 다시 필요하다는 것은 아직도 우리가 긴급한 사태를 벗어나지 못하고 있으며, 역사의 형성이 시작된 시기가 아니라 역사 이전의 과도기에 산다는 것을 의미한다. 그러나 선험적 도덕의지의 폭력성—그것이 자신의 전인적인 가능성에 대한 것이든, 다른 사람에 향한 것이든—을 간과할 수는 없는 일이다. 진정한 정치 행동은 인간의 사회적인 관계에서 일어나고, 사회적 관계의 최대 균형은 개개의 인간이 대표하는 인간적인 가능성의 조화된 확인에서 온 것이다. 소설은 인간 존재의 가능성과 조화의 탐구에 기여한다. 이것은 도덕에 의한 선험적 결정이 아니라 인간의 사회적 생존에 대한 총체적인 탐구의 일부를 이룬다. 이렇게 하여 최선의 상황에서 소설과 정치는 일치하게 된다. (172쪽)

인용문에서 논의되는 대상의 여러 면모는 서로 얽혀 있고, 그 내용은 지극히 까다롭다. 그러나 김우창의 논리는 절차적 단계를 밟아 전개되는 까닭에 그 언어는 적확하다. 이것만으로도 이 평문은 한용운을 다룬 다른 평문과 이미 구별된다고 해야 할 것이다. 앞의 글에서는, 줄이면, 한용운에 대해 다섯 가지 점이 언급되었다고 할 수 있다. 이 다섯 가지는 다시, 한용운과 관련된 점과 일반적인 점으로 세분될 수 있다.

먼저 한용운과 관련한 것은 다음과 같다.

첫째, 한용운의 소설이나 그의 행동 의지는 근본적으로 "선험적 도덕주의에서 나온다는 것", 그래서 그것은, 김우창이 보기에, "본질적으로 비사회적, 비정치적"이다. 그런데 이것은 일제 식민지라는 긴급 상황을 고려하면 불가피한 것이다. 왜냐하면 어떤 행동이 다른 사람과의 사회적 관계에서 동의나 거부를 통해 점진적으로 이뤄질 수 있어야 하는데, 적어도 외적 불의의 상황에서는 각 개인이 자기 신념에 따라 일정한 행동을 즉각적으로 행할 수밖에 없기 때문이다.

둘째, 이것이 "도덕의지의 정치적 의의의 애매성을 드러나지 않게" 하였고, 바로 여기에 "선험적 도덕의지의 폭력성"이 자리한다. 그리하여 한용운의 소설에서는 인물이 생생하게 그려지지 못할 뿐만 아니라, 사건 또한 실감나게 전달되지 못한다. 이것은, 뉘앙스의 차이는 있지만, 김우창이 안수길의 『북간도北間島』를 논하면서 민족의 자주와 주체성에 대한 강조에도 불구하고, 핵심적 갈등을 정면대결을 통해 극화하기보다 상투적 상징으로 대체해버렸다는 것, 그래서 작품 속에서 갈등이 첨예화되지 못하고, 상황에 대한 정확한 이해도 얻지 못했다고 평가한 데서도 되풀이된다. 이념은, 아무리 그 자체로 옳다고 할지라도, 사안에 대한 예각적 투시를 동반하지 못하면, 공허해진다.

일반적인 차원에서 말하면 이렇다.

첫째, 그러므로 "사회나 정치의 문제"란 "어떠한 의지를 행동에 옮기는 것에서가 아니라, 어떻게 어떠한 통일적인 행동 의지가 사회적으로 성립할 수 있느냐 하는 데서 시작"는 일이다. 단순히 각 개인이 확신하는 바를 사회에 일방적으로 투사投射하는 것이 아니라, 사회라는 공적 공간에서 다른 사람과의 상호주관적 관계를 통해 최선의 상태로 점차 조율해가는 것이 결정적이라는 사실이다. 한용운이 놓친 것은 바로 이 점이다.

둘째, 문제는 여기에 그치지 않는다. 더 중요한 것은, 김우창의 독특한 해석에 따르자면, 이런 직관적·선험적 도덕주의가 '오늘날'에도 필요하다는 것이고, 이것은 "아직도 우리가 긴급한 사태를 벗어나지 못하고 있으며, 역사의 형성이 시작된 시기가 아니라 역사 이전의 과도기에 산다는 것을 의미한다"는 것이다. 이것은 매우 중대한 진단이 아닐 수 없다.

「한용운의 소설—초월과 현실」은 1975년에 쓰였다. 1970년대를 전후하여, 더 넓게 보아 20세기에 우리가 여전히 "역사 이전의 과도기를 산다"는 것은 무슨 뜻인가? 이 평문이 '문제적인 것'으로 지적한 "선험적 도덕의지의 폭력성"은 이 글이 쓰인 1970년대 초와 마찬가지로 20세기 현실에서도, 더 나아가 오늘의 한국 사회에서도 완전히 사라진 것이라고 우리는 자신하기 어렵다.

그렇다면, 오늘날에도 우리는 '역사 이전의 위기 사태'에 처해 있다고 말할 수 있다. 말하자면, 공동체의 이슈가 사회적 공론 과정을 통해 합리적으로 조절되고 조율되는 것이 아니라, 몇몇 사람의 영웅적 혹은 유사영웅적 행동에 따라 이뤄지고, 그 때문에 결국 전 사회적 폭력성이 가중되고 있는 것은 아닌가? 이것은, 김우창적 시 각에서 보면, 행동의 사회정치적 차원에 대한 고려보다는 선험적 도 덕주의가 앞서기 때문이다. 이것은 우리 사회의 주요 이슈가 절차적 으로 형성되고 합리적으로 조율된 공적 담론을 통해 주제화되는 것 이 아니라 유행과 대중적 열기에 의해 점화되고 유포된다는 사실에 서도 잘 확인된다. 한국 사회처럼 언론이나 정치권 혹은 소비대중 에 의해 공동체의 이슈와 담론이 급작스럽게 떠올라 전염병처럼 유 행되고 소비되다가 소리 소문 없이 사라지는 예측 불가능의 공간도 드물 것이다. 문제는 그것이 하나의 무해한 해프닝으로 그치는 것이 아니라 수많은 낭비와 희생을 야기한다는 점이다.

셋째, 소설 혹은 문학은 인간 존재의 가능성을 선험적 틀이 아닌 사회적 동력학 속에서 총체적으로 탐구하는 것이다. 그리고 이렇게 탐구할 때, 문학과 사회, 소설과 정치는 별개의 것으로 존재하는 것 이 아니라 하나로 만나는 것이다.

이런 일련의 진단을 통해 김우창은 한용운의 소설이, 시적 성취 나 행동적 의지의 뛰어남에도 불구하고, 근본적으로 "비사회적, 비 정치적"이며, 그의 행동의지 역시, 소설이 그러하듯이 "선험적 도덕 주의"에서 나온다고 평가한다(172쪽). 이러한 평가는 이례적인 것이 다. 한용운은 누구나 찬탄의 대상으로 바라보았고, 또 그렇게 평가 해왔기 때문이다. 그러나 그렇다고 그의 모든 것이 충분한 것은 아 니다. 김우창은 한용운 문학이 지닌 복합적 양상을 두루 헤아린다.

그러면서 그 빛과 그림자가 지나가는 굴곡과 파장의 복잡다단한 의미를 냉정하게 헤아린다. 그는 분명 이렇게 쓴다. "그러나 우리의 숭배는 맹목적인 것이어서는 안 된다"(172쪽). 사람이 어떤 현실 속에서 어떻게 사람과 사물을 만나고, 어떻게 삶의 사건들을 경험하는가에서 생각과 판단이 자라나오는 것이 아니라면, 그래서 경험 이전에 주어진 틀로 행동의 가능성을 미리 재단한다면, 그것은 언제든지 폭력으로 변질될 수 있다. 선험적 도덕주의의 위험은 경험의 현실적 · 사회정치적 의미를 외면하는 데 있다.

흥미로운 사실은 이런 논의의 철저성에도 불구하고 김우창의 글이 어떤 경직된 느낌을 주지 않는다는 점이다. 그는 사안의 요모조모를 두루 헤아리지만, 어떤 측면도 고집하거나 강변하지 않는다. 심지어 그가 주장하고 강조하는 측면도 여러 주장 중 하나로 여길 뿐이다. 자신의 주장 또한 여러 가능성 중 하나로서 개진하는 것이다. '많고 많은 측면 가운데 이런 측면도 있지 않은가? 그러니 이런 측면도 생각할 필요가 있지 않은가? 지금까지와는 다르게 이런 면모도 생각해보는 것은 어떤가?' 이런 식으로 말이다.

논지의 부드러움은 여기에서 생겨난다. 이 부드러움 때문에 김우창의 글은 어떤 진리를 자임하거나 정당성을 독점하는 것으로 비쳐지지 않는다. 독자를 일정한 방향으로 몰아가거나 부추기는 것이 아니라, 얼마든지 통념과는 다르게 생각할 수 있고, 그런 다른 생각이 결코 잘못된 것이 아니라는 것을 조목조목 성찰해 보이는 것이다. 그래서 그의 글은 독자 역시 다르게 생각할 준비가 되어 있다면,

다른 관점을 한번 가져보도록 장려하는 것이다. 그러니 주장이나 설교는 그 글의 속성이 아니다. 설명하고 진단할 수는 있으나, 어디까지나 판단은 독자 스스로 하도록 맡긴다. 이 경우 독자는 물론 전혀 생각하지 않을 수도 있다. '전혀 생각하지 않을 권리'조차 허용하는 것이 김우창의 생각하게 하는 글이다. 이것이 그의 탄력적 논리다. 그의 철저성은 전방위적이면서 탄력적이고, 유연한 가운데서도 여전히 체계적 견고성을 잃지 않으며, 견고한 논리 아래 꾸준히 앞으로 항진亢進한다. 그의 사유의 변증법은 이와 같은 반성적 사유의 항진으로부터 온다.

전방위적 시선의 냉정함과, 그런 시선을 지탱하는 정열, 그리고 철저성에도 불구하고 견지되는 유보적 태도는 작은 주제를 해부할 때보다는 큰 주제를 조감할 때 더 잘 드러난다. 물론 어느 쪽에서도 사안에 밀착하여 집중적으로 논의하는 일은 다르지 않다. 그러나 큰 주제를 조감할 때, 방법론적 철저함은 더 선명한 윤곽을 보여주지 않나 여겨진다. 그 좋은 예가 「일제하의 작가의 상황」이나 「한국시와 형이상」, 「한국 현대소설의 형성」 같은 글이다.

현대 한국 문학의 발생과 그 전개 경로를 논의하고자 할 때, 고려해야 할 항목은 무척 많다. 한편으로는 전통사회의 가치와 규범 그리고 질서가 있고, 다른 한편으로는 식민사회의 새로운 정치와 경제 그리고 문화가 있다. 개인의 자유와 책임이라는 문제가 있는가 하면, 암울한 시대 현실과 억압된 민족의 운명이 있다. 어디 이것뿐이겠는가? 각 개인의 살림살이와 농어촌 사람들의 생계 현황, 식민치하의 노동자들의 작업 조건이나 급여, 이자, 부채, 이주 상태 등에 관한 각종 통계도 있다. 그런데 사회 전체가 식민지 상황이 그러하듯이 일종의 노예화 상태에 있는 것이라면, 개인의 자유나 해방이란 어떤 의미를 가지는가? 여기에서 개인성의 옹호는 적어도 체제 대항적 집단의식의 쇠퇴를 바랐을 일본 통치자들의 전략과 어울리는 것이었을 테고, 이른바 문화개조론이나 문화주의에서 중시되는 '신문화'란 곧 식민지 일본 문화와 다르지 않았을 것이다. 그러니까 가치의 많은 경우는 그 자체로 믿을 만한 것이 아니라, 이미 상당 부분 오용되거나 왜곡된 의미로 사용되었던 것이다.

「일제하의 작가의 상황」에서 이광수에 대한 김우창의 시각은 이 점에 닿아 있다. 즉 이광수의 개인주의적 계몽론은 개인 해방이 아니라 민족 해방이 시대의 과제였던 당시 사회에서는 정치적 문제점을 흐리게 하면서 식민지 지배문화의 값싼 외관을 빌려올 가능성이 높았다는 것, 그래서 그것은 전통문화의 공동체적 관습과 제도를 파괴하는 데 일조하면서, 종국적으로는 그의 개인적 친일개종으로 귀결되어버린다는 것이다. 이와는 대조적으로 염상섭의 관점은 개인과 사회 제도의 착종된 관계 속에서 삶을 훨씬 사실적으로 묘사하는 데 성공한다. 그는 전통사회의 완맹한 규범과 가족 이기주의의 문제점을 직시하고, 여기에서의 개인의 해방은 현실 도피를 통해서가 아니라 책임의 수락을 통해 이뤄진다는 점을 분명하게 인식한다. 그러나 다른 한편으로 그 또한 가족 제도 자체에 깃든 균열된 의미를 충분히 성찰하는 데로 나아가지 못했다고 김우창은 진단한다. 식

사무사 思無邪

민지의 회색 상황과, 그 속에서 전개된 작가 개개인의 현실 인식적 한계는 이상李箱의 경우에도 크게 다르지 않다.

작가 이상의 고통은 식민지 문화이자 정복자 문화인 일본 문화의 틈바구니에 기생하는 데서 오는 물질적·정신적 압박으로 인한 것이라고 볼 수 있다. 그러는 한 그의 개인적 소외는 사회적으로 구조화된 것이다. 그는 패망해버린 조선의 전통문화와 새로 들어온 일본의 식민문화 사이에서 그 어디에도 끼지 못한 채, 마치 기생충처럼, 일종의 잉여인간으로서 살아가는 것이다.

이상은 엉거주춤한 채로 자포자기하며 산다. 이런 환멸의식은, 어느 공사장 노동자가 잘못 부른 이름인 이상李箱을 필명으로 삼은 데서도 잘 나타난다. 그는, 김우창이 지적한 대로, 총독부 건축기사로서 "식민지 정부의 일원으로 적어도 지배 민족 집단의 준회원의 자격"을 얻고 살 수 있었음에도 이를 포기하고 이국적 이름의 다방을 경영하며, 아내의 매춘 행위에 기대 살아가는 「날개」의 주인공이 보여주듯이, 아무런 의욕이나 바람도 없이, 마치 천치처럼 무력하게 살아간다. "삶이 의미의 공적인 공간에의 참여를 거부당할 때, 그 의미는 오직 개인적으로 추구되는 쾌락에서만 찾아진다"(23쪽). 그러나 이런 쾌락의 추구가 사적 욕망의 해소로 끝나는 것은 아니다. 거기에는 더 큰 바탕을 이루는 믿음과 사랑과 자유의 문제가 놓여 있다. 김우창이 지적하듯이, "완전한 믿음과 사랑의 관계"란 "폭력이나 윤리나 돈에 근거하여 이루어질 수 없다는 것", "다만 자유로운 사람과 자유로운 사람 사이의 무상無償의 증여贈與로써만 성립할 수 있다"는 인식이 거기에 들어 있는 것이다(24쪽).

그러므로 이상의 소설에는 단순히 퇴폐와 절망이 아니라 인간 관계의 기초로서의 자유의 가능성에 대한 고찰이 들어 있다. 그러나 그 가능성은 단지 가능성으로 남는다. 즉 실현되지 못한다. 식민지 권력은 어떤 대안사회적 탐색도 불허하기 때문이다. 그리하여 이상의 노력은 기존 질서의 변두리에서 아무런 흔적도 남기지 못한 채사라지고 만다. 있어도 되고 없어도 되는 잉여적 존재로서 그의 인물들은 현실과의 전적인 절연 아래 살아가는 것이다. 그런데 이 한계는 이상에게만 해당되는 것이 아니다. 그 시대에 살았던 거의 모든 작가들, 즉 김동인이나 염상섭, 현진건, 김동인 등도 마찬가지였다.

윤동주의 생애도 이와 같은 식민지 인간의 운명에서 비켜나 있지 않다. 그러나 조금 다르다. "이상의 개인주의가 세기말의 퇴폐주의 또는 소비문화 쪽으로 향해 간 데 대하여, 기독교 교육을 받은 윤동주는 삶의 미적·윤리적 완성에 더 관심을 가졌었다. 그러나 그는 내면의 완성을 추구해가는 도정에 내면과 외면의 조화된 교환이 없는 곳에 내면만의 완성이란 있을 수 없다는 것을 깨달았다"(25쪽). 잉여적 존재로서 자발적 소외 속에 자신의 삶을 탕진한 것이 이상이었다면, 근본적 한계 속에서도 시를 통한 내면의 윤리적 완성을 추구한 것이 윤동주였던 것이다.

이상과 윤동주의 비교는 민촌民村 이기영의 『고향』과 한용운과 이육사의 시에 대한 해석적 비교로 이어진다. 김우창은 이육사와 한용운의 시를 비교하면서, 육사가 식민지 시대에 걸을 수 있는 흥미로운 길 하나를 대표하고 있지만, 그의 시가 한용운의 시만큼 뛰어나지 못한 것은 그의 상상력에 무언가 경직된 면이 있고, 이 경직성은 "전통적인 선비의 윤리에 내재하는 어떤 추상성에 기인한 것이 아닌가"라고 묻는다(30쪽).

여기에서 거듭 변주되는 것은 개인과 사회의 문제다. 즉 개인과 사회의 상호작용, 주체와 객체의 상호삼투, 그 가능성의 조건이다. 한편으로 개인적 자각과 각성, 행복과 쾌락의 추구가 있고, 다른 한편으로 제도와 규범, 책임과 윤리와 같은 사회의 공적 문제가 있다. 당시 사회적 조건의 근본적 바탕은 물론 식민지 통치와 그 질서이고, 이 질서에는 억압적 지주제와 가족 집단주의와 가문 이기주의, 전통적 규범의 보수성과 그 질곡 등이 자리한다. 널려 있는 완고한 후진성을 타파하기 위해서는 여러 가지 조건이 동시에 구비되어야 한다. 인간의 해방은 단순히 개인의 자각과 노력만으로 이루어질 수 없다. 각 개인의 의식은 공동체에 대한 사회정치적 책임의 문제로 나아가야 하고, 현실의 외면이나 그로부터의 도피가 아니라 그와의 지속적 정면 대결 속에서 이뤄져야 한다. 말하자면 개인과 사회, 부분과 전체를 관통하는 변증법적 투시가 필요한 것이다. 이때 부정과 모순과 균열에 대한 이해는 결정적이다. 세상의 질서가 화해와 조화 속에서가 아니라 부정과 모순과 균열 속에서 이뤄지기 때문이다.

김우창은 서문인 「머리에」에서 이렇게 쓰고 있다. "우리의 오류는 단순히 말소되어야 할 것이 아니라 새로운 발전에로 지양되어야 할 어떤 것이다"(6쪽). 삶에서 오류는 불가피하다. 긍정이 있다면, 그것은 긍정을 불가능하게 하는 것들과의 만남 속에서, 불가능성과의 부단한 대결 속에서 비로소 부분적으로 확보될 수 있다. 그것은 사랑이 단순히 도덕이나 윤리의 설파를 통해서가 아니라 사랑을 옥죄는 돈과 권력과 쾌락의 올가미를 직시할 때, 잠시 가능한 것과 같다. 왜 '잠시'인가? 개인적 삶의 외적 조건이 인간의 현실이고, 이 현실이 더욱이 식민지 현실이기 때문이다.

식민지 현실이란 퇴폐와 부자유와 타락과 고통으로 점철된 불합리의 총체적 사회구조라고 할 수 있다. 이런 총체적 불합리의 사회에서 어떻게 사랑과 자유가 가능할 것인가? 물론 여기에서도 어느 정도의 사랑이 있는 것처럼 여겨지고, 어느 정도의 자유가 보장된 것처럼 여겨질 수도 있다. 그러나 그것은 온전한 의미의 사랑과 자유는 아니다. 이 사회에서 사랑과 자유의 사적 추구는, 크게 보아, 오해와 비난, 체포와 소외, 구금과 일탈과 낙오 그리고 죽음으로 귀결된다. 불행은 이 부자유한 상황에서 오히려 자연스럽다. 당시의 그 누구도 이 '자연스런 불행'을 피해갈 수 없었다. 불행이 자연스러운 것, 그것이 식민지인의 운명이다.

식민지 사회란, 김우창의 관점에서 보면, 개인과 사회, 내면과 외면, 자유와 책임, 감정과 이성, 의식과 제도의 변증법이 정지하는 곳이다. 어쩌면 이 둘 사이의 균열이 가장 극심해지는 공간이라고 말할 수도 있다. 그러기에 식민지 사회에 사는 사람들은 대개 하나의 축만 선택한다. 그러나 선택하는 것이 어떤 쪽이어도, 그것이 다른 것과의 관계 가능성을 고려하지 않는 한, 모순되는 것은 결국 같다고 할 수 있다. 현실로부터 도피하든지 현실에 저항하든지, 돈벌이에 골몰하든지 쾌락에 몰두하든지, 이 둘은 크게 다르지 않다. 그리하여 결국 주어지는 것은 여러 모순들 사이의 한 모순을 선택할 가능성뿐이다. 식민지 질서에서 이 한계를 넘어서려던 많은 선의의 노력이 이 한계만큼이나 타락하고 거짓으로 귀결된 것은 그 때문이다. 여기에서 내면의 외면화나 자유의 책임성 같은 변증법적 가능성은 차단된다. 일제하의 한국 문학사가 주는 가장 큰 교훈의 하나도 바로 이 점에 있다고 김우창은 진단한다.

이런 총체적 모순의 식민사회에서 하나의 예외적 경우가 한용운이라고 해야 할지도 모른다. 그는 이 총체적 모순을, 김우창의 해석에 따르자면, 불교에서 익힌 형이상학적 교양으로 무장한 채 돌파해 나갔다. 그래서 그에게서 개체와 전체의 변증법은 무너지지 않고 그 나름으로 견지된다. 바로 이 점이 한용운 문학의 깊이와 넓이를 보장한 것이다. 이런 논지를 잘 보여주는 것이 한국 현대 문학사에서 기념비적 평문으로 평가받는 한용운론인 「궁핍한 시대의 시인— 한용운의 시」(1973)이다.

현실을 이겨내기 위한 한용운의 방법은, 김우창에 따르면, '무無의 변증법'이다. 무의 변증법이란 부정否定의 변증법이다. 무란 곧 공空인데, 공은 단순히 비어 있는 것이 아니다. 그것은 비어 있음에 대한 확인이고, 비어 있음을 이루려는 의식적인 노력이다. 따라서 그것은 기존의 가시적 현상에 대하여 부정적否定的 관점을 취한다. 즉 그것은 기존 질서에의 부정적·성찰적 태도이자 저항적 자세라고 할 수 있다. 그것은 단순히 비어 있는 상태라기보다 비어 있음을 파악하는, 아니 파악하려는 방법이고, 더 나아가 비어 있음을 유지하려는 세계관이다. 왜 그런 것인가? 이미 있는 것은, 그것이 질서이든 형상이든 혹은 인식이나 세계관이든, 모순되고 부실하며 허황된 것이기 때문이다. 모순되고 부실하고 허황된 것이 진리이기는 어렵다. 한용운의 비판과 투쟁, 저항과 갈구는 이런 문제의식으로부터 나온다. 그리고 이 비판과 투쟁은 변증법으로 인해, 다른 사람들과는 달리, 어느 한편으로 편향되는 위험을 막아준다.

감정의 정확성을 기함으로써 일체의 감상주의를 피하려는 김우창의 비평적 노력은 사안과 그 둘레—가능성의 조건을 부단히 검토하는 데로 나아간다. 그러므로 변증법이란 이 가능성의 조건을 검토하는 방법론이자 사고 형태다. 그것은 대상의 얼개를 전체적으로 파악하려는 까닭에 구조적 사고력이기도 하다.

구조적 사고력

대상을 구조적으로 이해한다는 것은 전체적 테두리 아래에서 파악한다는 뜻이다. 그것은 구조적 사고력이고 구조적 상상력이다. 구조적 상상력이란 대상을 그 옆이나 주변으로부터 분리시켜 낱낱으로 파악하는 데 그치는 것이 아니라 그 전체적 틀 안에서, 대상과 이 대상을 에워싼 연관관계 속에서 이해한다는 뜻이다. 혹은 현상학적으로 말해, 사물의 전경과 아울러 '배경'을 파악한다는 것이고, 이 전경과 배경이 함께 놓인 '장場' 혹은 '전체 지평'을 의식한다는 뜻이다. 그리하여 구조적 사고력은 맥락적 사고이기도 하다. 이때 테두리 혹은 배경 혹은 지평이란 무엇인가? 여기에 대한 실감나는 예가 있다.

> 자기의 삶의 영역을 널리 살펴보게 됨에 따라 사람은 그것의 가장 자리에 멀리 펼쳐지는 지평을 의식하게 된다. 그런데 가장 엄청난 깨달음은 이 지평이 단순한 한계가 아니라, 한계 내에서 일어나는 일체의 것을 결정하고 있다는 사실이다. 전기가 켜 있는 방에 들어 갔을 때, 우리는 전기의 존재를 별로 의식하지 않고 방 안의 물건 들을 볼 수 있다. 그러나 방 안의 물건을 가시적인 풍경으로 만들 고 있는 것은 조명 시설이다. (404쪽)

우리가 어떤 대상을 보는 것, 그래서 '볼 수 있는 것'으로 깨닫게 되는 것은, 그것이 '볼 수 있게끔 조건 지어진 것'이기 때문이다. 조명 시설은 바로 이 대상을 가시적으로 조건 짓는 것—속성의 근본조건에 해당한다. 이 조건이 곧 대상의 테두리이고 지평이다.

　놀라운 것은 이 지평이, 김우창의 지적대로, "단순한 한계가 아니라, 한계 내에서 일어나는 일체의 것을 결정하고 있다는 사실"이다. 칸트 식으로 말하자면, 그것은 어떤 대상의 사실성과 이 사실성을 있게 한 조건—가능성의 조건인 것이다. 비평 이론이나 문예학에서, 혹은 사회철학이나 정치철학에서 흔히 constellation/configuration이라고 불리는 것도 바로 이런 맥락을 말한다. 즉 그것은 가능성의

조건으로서의 대상의 전체 국면이다. '밤하늘의 별자리con-stellation'
라는 단어가 잘 보여주듯이, 그것은 사물의 전체 국면 혹은 배치 관
계다. 구조적 사고력이란 대상의 전체 국면 혹은 배치 관계를 성찰
할 수 있는 맥락적 사고의 능력을 말한다.

　　김우창의 사고가 철저하다면, 그 철저함은 그가 사물의 개별적
존재뿐만 아니라 그 테두리의 전체 국면과 배치 관계를 두루 헤아리
고자 하는 데 있다. 그것이 구조적 사고력이요, 부분과 전체를 동시
에 헤아리는 이중적 의식이며 변증법적 사유다. 말하자면 그것은 대
상의 개별적이고 특수한 성격을 고려하면서도, 이때의 고려는 개별
적 성격을 가능하게 한 상황 전체의 맥락적 조건도 포함한다. 그리
하여 여기에서는 부분적 관점과 전체적 관점, 주체적 시각과 대상
적 시각이 범주적으로 교차하면서 서로 교환되고 대치되고 보충됨
으로써 더 넓은 인식의 지평으로 나아가는 것이다. 타자성이란 이렇
게 나아간 미지의 전체 지평을 뜻한다. 이 지평에서 주체는 지금까
지보다는 더 객체화되고, 객체는 이렇게 확대된 주체를 내면화한다.
관점의 조정과 시각의 교정은 이런 식으로 부단히 일어나는 것이다.
나라는 주체는 이런 지속적 시각 교정과 상호삼투적 관점 조정을 통
해 삶의 전체 지평에 참여한다.

　　그러므로 바른 주체는 이 전체 지평에 열려 있고, 그의 언어는
현실적인 것 속에서 가능한 것을 헤아린다. 현실적인 것과 가능한
것의 교차 혹은 이런 교차에 대한 준비가 곧 바른 주체의 존재 방식
이다. 이 존재 방식은 언어적으로 표현된다. 스타일style은 이렇게 표

　　　　　　　　　　　　　　　　　사무사 思無邪

현된 언어의 성격文體이자 이 언어를 쓰는 주체의 생활방식樣式이다. 개성이란 이런 생활방식적 독자성에 다름 아니다. 그것은 삶의 양식적 독립성이다. 이 독립적 양식으로부터 개인의 자발성과 자유도 나온다. 그러니까 우리가 흔히 보듯이, 유행에 따르거나 혹은 '튀는' 것이 아니라 이 양식적 독자성을 구현할 때, 주체는 마침내 '개성적인 삶을 살아가는 것'이 되는 것이다.

그러므로 개성적인 것이란, 말의 엄격한 의미에서, 단순히 개인적이고 사사로운 것이 아니라 사회적인 것이고 보편적인 것이다. 혹은 더 정확히 말하자면, 사회적인 차원으로 확대된 개인적인 것이다. 참된 개성에서는 보편적 개인이 실현되는 것이다.

참된 주체란 초월적 가능성으로 열린 주체이고, 부단히 자기를 변형해가는 창조적 주체다. 이를 위해 주체는 시대의 편견이나 상투적 사고, 이데올로기와 싸워야 하는 것은 물론이고, 자기 자신의 현재적 감성과 사고와 언어 그리고 가치의 판단과 쉼 없이 싸워야 한다. 이때의 기준은 물론 현실이고 그 경험이다. 이 현실과의 싸움을 그 나름으로 이겨낼 때, 주체의 언어와 사고와 감각은 그 나름으로 완성된다. 그리고 이렇게 완성된 모습은 주체의 창조성과 자유로 나타날 것이다. 이 주체가 얼마나 자유롭고 독자적인 삶을 사는 것인가는 그의 스타일 속에서 이미 확인될 수 있다.

이런 맥락에서 보았을 때, 전체나 지평을 고려하지 않은 사고思考란 참된 의미의 사고가 될 수 없다. 그것은, 앞서 언급했듯이, 사고가 아니라 이래도 좋고 저래도 좋은 것—'의견'에 지나지 않는다. 그것은 사사로운 것이다. 이런 사적 견해로서의 의견의 축적은, 김우창이 보기에, 한국 신문학 이후의 비평사에서 가장 큰 특징 혹은 결함으로 나타난다.

삶의 전체 지평과 그 구조적 질서 속에서 감각은 이성과 만나고, 개체는 일반과 교차한다. 개별적 경험이 유기적으로 자라나 서로 작용하면서 하나의 깨우침—정신과 이성으로 고양되는 것도 이런 경로를 밟는다. 그러니 소설에서 구조나 지평이란 사람이 사는 경험의 공간이나 사건이 일어나는 사회 그리고 그 테두리가 될 것이다. 이때의 사회란 근본적으로 정치경제적 공간이고, 이 정치경제적 공간에서는 사람과 사람 사이의 상호주관적 교섭이 일어난다. 자연과 환경은 이 사회적 공간을 에워싼 물리적 영역이다. 삶의 내외적 공간에 대한 이런 포괄적 이해 없이는 어떤 납득할 만한 인물 주형도, 또 대하大河 같은 소설적 형상화도 어렵다. 「한용운의 소설—초월과 현실」이라는 평문에서 김우창이 결국 보여주는 것도 이 점이다.

「한용운의 소설—초월과 현실」에서 김우창은 한용운이 시에서 성공하고 소설에서 실패했다는 일반적 평과 관련하여 그의 "시적이며 비소설적인 재능은 그가 살았던 시대에 대하여 어떤 관계를 갖는 것인가"라는 물음에서 자기 논의를 시작한다(148쪽). 그는 한용운의 소설 언어가 가진 수사력은 "전통적 사설辭說에 유사"하여, "현대적인 산문 문체의 요구 조건으로부터 원격에 있"다고 진단한다(151쪽). 그래서 그의 언어는 그만큼 추상적이고 도식적이라는 것이다. 그의 언어가 사건의 구체성을 실감나게 묘사하지 못하는 이유도 이와 연관된다. 이런 분석에서 흥미로운 것은, 그의 시선이 한용운의 소설 언어가 작품 안에서 어떻게 전개되는가라는 문제에 머무는 것이 아니라, 그런 발상의 근원이 어디 있는가를 추적한다는 점이다. 말하자면, 부정否定의 변증법은, 「궁핍한 시대의 시인」에서 전개했듯이, 한편으로 한용운의 근대성을 이루면서도 다른 한편으로 "불교철학의 근본적인 보수성"에 닿아 있고, 이 보수성이 결과적으로 "어떤 특정한 형태의 부정만을 허락"했다는 것이다(154쪽).

한용운의 변증법에서 부정은 현실에 직접 작용하기보다는 보다 높은 원리—공空이나 무無와 같은 이념 아래 움직인다. 그것은 거부와 비판을 포함하지만, 이때의 거부는 경험적 차원에 적용되기보다는 차라리 선험적 원리로 작용한다. "그러나 명심해야 할 것은 결국 따지고 보면 불교적 부정이 현실 세계를 초월하는 것이며, 세속 질서에 구체적인 대안을 제시하는 것은 아니라는 것이다. 이것은 역사적으로 성립한 불교와 유교의 공생관계에서도 그렇지만, 한용운의 경우에도 그렇다. 불교적 부정의 초월성은 바로 한용운으로 하여금 전근대적인 세계에 남아 있게 한다. 그리고 이 전근대의 테두리는 그의 소설로 하여금 실패한 문학적 노력이 되게 하는 주된 요인이 되었던 것이다"(155쪽). 그리하여, 김우창은 "그 부정에는 근본적인 성실이 결여되었다고 할 수 있는 것"(156쪽)이라고 결론짓는데, 이런 진단은 단호하고 적확해 보인다.

모든 것이 미망迷妄일 때, 미망은 부정되어도 좋고 부정되지 않아도 무관한 것이다. 현실은 전면적으로 부정되어야 할 것이지만,

부정 자체가 허망한 것이라면, 사람은 아무런 저항을 하지 않을 수도 있다. 물론 이러한 무저항이 무행동이거나 모든 것의 중단을 뜻하는 것은 아니다. 그러나 모든 계율과 집착으로부터의 자유는, 그것이 지금 여기의 사안과 결부되지 않는 한, 언제든지 현실 도피로 퇴락할 수 있다. 모든 현세적인 것을 미망으로 간주하는 불교적 초월주의가, 평문에서 지적되듯이, 카스트 같은 계급제도의 옹호로 연결되는 것은 이런 이유에서다.

물론 여기에서도 부정적인 면만 있는 건 아니다. "불교적인 사고에서 신분적인 구분이란 일종의 존재론적인 범주로서 세상과 더불어 주어진 것이며, 그 자체로서 윤리적인 뜻을 가진 것은 아니다. 그럼으로써 오히려 신분을 초월한 자비의 실천이 성립한다 할 수 있다"(161쪽). 불교적 초월주의가 계급적 신분제를 가능하게 하면서, 바로 이 때문에 역설적이게도 초계급적 자비의 실천도 가능해진다는 것이다. 문제는 이 같은 역설의 내적 역학이고, 이 역학이 삶에서 일으키는 파장의 결과다. 우리는 이 점을 놓쳐선 안 된다.

다시 확인해야 할 것은 이 신분적 질서의 수락을 뒷받침하는 것은 불교적 부정의 반계율주의와 반현세주의反現世主義다. 이것은 주어진 직책의 성실한 수행을 강조한다는 점에서 기성의 위계제도와 신분질서를 유지하는 데 이어져 있지만, 자비와 같은 보편적 가치를 중시하고, 허무나 번뇌나 미몽 같은 형이상학적 범주를 내세운다는 점에서 여하한의 현실적 덕목과는 무관하다. 그리고 바로 이 점에서, 이미 언급했듯이, 역설적이게도 혁명적 현실 비판이 될 여지

사무사 思無邪

도 갖는 것이다. 불교철학의 근본적 이율배반성—보수적이면서도 급진적인 성격은 바로 이 점에 있다. 그러나 이 급진성은, 다시 강조하건대, 그것이 갖는 현실과의 연결 지점이 모호한 까닭에, 추상적이다. 여기에 대하여 김우창은 적확하고도 설득력 있게 다음과 같이 지적한다.

> 그리하여 종교적인 태도 속에는 언제나 암묵의 유보가 있고, 또 정신적인 자만이 있다. 이것이 불교적인 부정으로 하여금 불가피하게 보수적인 테두리에 머물러 있게 하는 것이다. 불교적 부정이 원하는 것은 본래부터 있던 것, 본성을 돌이키고자 하는 것이다. (158쪽)

이런 이유로 인해 한용운의 소설 『흑풍黑風』에서 다뤄진 혁명이라는 주제는, 김우창이 보기에, "제도적인 재조정과 인간의 사회관계의 재정립"이라는 관점에서가 아니라(162쪽), 도덕적이고 의협적인 관점에서 다루어지는 데 그친다. 그래서 구체적 인간들 사이의 구체적 역학관계 속에서 묘사되지 못하고 만다. 혁명에 대한 이런 재래적 관점은 인간의 경험과 인간 사이의 관계 그리고 사회 일반에 대한 이해에서도 다르지 않다. 한용운은 동시대적 사정에 비추어 가장 개혁적인 사상과 개방적인 태도를 가지고 있었지만—이것은 전통 유학에 대한 비판이나 여성의 사회적 지위에 대한 견해 등에서 잘 확인되는 것이었다—, 논의의 대상은, 그 대상이 인간이든 인간과 인간의 관계든 혹은 사회의 질서든, 구조적으로 파악되지 못한다. 그래서 그는 한용운에 대해 이렇게 결론 내린다.

> 그가 필요로 했던 것은 외부적으로 채택된 사회주의가 아니라, 인간 존재의 사회성에 대한 경험적인 이해였다. 사회계급의 공식이 아니라 계급적인 관계에 의해 규제된 사회 속에서의 인간의 경험의 실체에 대한 개방된 감각이었다. (……) 이것은 그의 문학적 실천적 발상의 근원에 자리 잡고 있던 선험적 도덕주의로 인한 것이다. (165쪽)

이렇듯 김우창의 사유는 단계적으로 진행되고 절차적으로 구축된다. 그는 사안의 전체적 면모를 그 얼개 속에서 복합적으로 파악한다. 그의 시선은 한용운의 소설 언어가 지닌 전통적 사설로서의 면모에서 시작하여, 이것이 소설의 현실 탐구에 별로 효과적이지 못하다는 것, 이러한 면모는 단순히 언어적·문체적 차원에 국한되는 것이 아니라 전통사상에 대한 정신적 의존에 닿아 있고, 불교철학은 이런 사상의 한 근원으로 자리한다는 것, 그리고 불교철학의 부정은 기존의 신분적·위계적 질서를 용인하는 가운데 초월주의적으로 작동하기에 근본적으로 보수적이며, 그 때문에 그의 사상은 결국 근대적 요소만큼이나 전근대적 요소를 내장하고 있으며, 이 전근대적 요소는 혁명의 도덕적 이해에서도 확인된다는 것이다.

그리하여 이 모든 것은 인간의 경험적 진실성과 사회적 역학관

사무사 思無邪

계에 대한 인식의 결여에서 오고, 이렇게 결여된 인식이 결국 그의 소설 언어의 상투성과 추상성을 야기한다는 것이다. 여기에서 보듯이, 김우창의 비평은 거론되는 대상(소설 언어)과 이 대상을 에워싼 외적 관계—사회역사적·사상적·문화적 얼개를 총체적으로 헤아린다. 비평 언어의 구조적 상상력 혹은 맥락적 사유와 인식의 힘을 내가 말하는 것은 이런 이유에서다.

구조적 사고력에서는 그 어떤 것도 그 자체만으로 자라나오지 않는다. 또 어떤 것도 미리 주어진 의미로 확정되지 않고, 어떤 선험적 도식 아래 규정되지도 않는다. 김우창은 하나의 사안이 한 인간에게 어떻게 관계되고, 이 경험이 그에게 어떤 영향을 끼치며, 또 그의 삶은 주체와 객체의 상호작용 아래에서 어떻게 주형되는지 살핀다. 개인의 내면생활만큼이나 그의 사회역사적 연관관계가 고찰되고, 사회역사적·정치적 테두리의 조건을 고려하는 것 이상으로 각 개체의 환원될 수 없는 내밀한 실존적 동력학이 숙고되는 것이다.

그 어떤 것도 무갈등과 마찰 부재의 진공 상태에서 움직이지 않는다. 개체와 개체, 개인과 사회의 관계는 마치 감각과 사고, 행동과 언어의 관계처럼 비결정주의적 관점에서, 그러니까 부단히 성장하고 변화하는 유기적 성장과 진행성의 맥락 아래서 철저하게 탐사되는 것이다(이 점에서 구조적 사고력은 근본적으로 변증법적 사고이기도 하다. 이것은 이 책의 「3장 움직임」에서 자세히 다뤄진다). 비결정주의란, 간단히 말해, 대상을 부단히 변화하는 형성의 관점에서 파악한다는 뜻이다. 그런 점에서 그것은 전근대적 가치 체계—선험적 세계관과 도덕주의 그리고 결정주의에 대한 강력한 안티테제라고 할 수 있다. 이런 점에서 보면, 한용운 소설의 권선징악적 내용이나 그 이념의 도식적 추상성은 자명하다.

그렇다면, 우리는 무엇을 배울 수 있는가? 불교적 부정의 변증법이 단순히 보수적일 뿐만 아니라 현실영합적인 위험성을 내장하고 있다면, 이 모호한 논리에서 우리는 어떤 신뢰할 만한 원칙과 준거를 마련할 수 있는가? 이것을 김우창은 속세의 속박으로부터의 해방을 강조하는 인도의 힌두교에서, 특히 그 경전인 『바가바드기타』의 어떤 구절에서 찾는다. 그는 이렇게 쓴다.

> 따라서 해탈의 방법은 행위를 계속하되 일체의 행위로부터 우리의 집착과 관심을 떼어내도록 하는 데 있다. 이것은 행위의 과정에 개입하되, 목적이나 결과에 대하여 초연함으로써 가능하다. (……) 행동으로부터 목적과 결과를 제거하는 것은 다분히 주어진 일에 충실하는 것을 의미한다. 그리고 모든 일은 주어진 테두리 안에서만 평가된다. (159쪽)

불교 성전의 이런 구절들은 내가 보기에 발터 벤야민Walter Benjamin이 강조하는 '진리의 무의도성'과도 통하지 않나 여겨진다. 말하자면 대상에 대한 인식은 여하한의 목적이나 의도, 전략과 계산으로부터 벗어나 있을 때, 진실하게 된다는 것이다. 이러한 인식을 확대하여 테오도르 아도르노Theodor Adorno는 자신의 예술철학에서 '역사서술의 무의도적 의도성' 혹은 '심미적 인식의 무의도성'과 연결시킨 바 있다.

말할 것도 없이 사람의 행동은 일체의 목적과 계획으로부터 완전히 벗어나기 어렵다. 그러나 있을 수 있는 계산과 의도와 책략의 폐해를 의식하고, 이 폐해로부터 가능한 한 거리를 유지하려는 노력은 절대적으로 필요한 일이다. 이런 거리 유지로부터 어떤 일의 기획도 비로소 투명하게 만들 수 있기 때문이다. 선의는 선한 의지만으로 되는 것이 아니라 이 선의를 가능하게 할 조건들에 대한 부단한 주의注意를 통해 실현되는 것이다. 그리고 이 주의는 자기 자신을 비우는 데서 완성된다.

어떤 일을 하되 우리는 그 결과로서 발생할 수 있는 이득을 고려하지 않고, 주어진 일에 충실하되 이 충실이 집착이 되지 않도록 할 수 있는가? 그러기 위해 사람은 처음부터 그 결과에 초연해야 한다. 더 나아가 체념할 수도 있어야 한다. 그러나 더 중요한 것은, 이런 체념과 무집착 속에서도 행위는 여전히 계속되어야 하고, 더욱이 그것은 충실하게 완수되어야 한다는 사실이다. 그것이 불교적 초월주의가 가진 완맹한 보수주의의 오류를 극복할 수 있는 하나의 지혜로운 부정의 방식이다.

나는 다시 지금 여기의 중대성과 경험의 동력학, 이 동력학 속에 포괄되는 사회역사적 외연을 생각하고, 이 모든 얼개를 느낄 수 있는 감각의 개방성을 떠올린다. 그리고 이 감각적 개방성 아래 가능할 사유의 어떤 전일적 구조를 생각한다. 세계의 전체는 이런 구조 아래 제 모습을 드러낼 것이다. 이것이 '자기 물음'에서 시작하여 '감정의 정확성'을 기하고, '구조적 사고력'으로 대상의 전체를 파악하려는 김우창적 철저성의 의미다.

그렇다면, 이 철저성의 바탕은 무엇인가? 그것은 말할 것도 없이 사실이다. 어떤 사실인가? 그것은 경험적 사실이다. 나날의 현실을 이루고 인간의 사건을 구성하는 경험적 사실, 이것이 우리의 감각과 사고 그리고 언어와 판단이 겨냥해야 할 대상이다.

2장   사실 착근

그러나 우리는 언제나 문화적인 환각에 대해서
구체적인 인간생활의 사실들을 기억하고
대립시켜볼 필요가 있다.

김우창, 「일제하의 작가의 상황」, 『궁핍한 시대의 시인』, 34쪽

김우창의 글은 어디에서나 사실에 착근着根해 있다. 착근이란 '뿌리
를 내리다'는 뜻이다. 사실의 내용이란 경험 현실이고, 무엇보다 과
거에 일어났고 지금도 일어나면서 사람의 지각적 내용을 이루는 요
소들이다. 경험 현실이라고 할 때, 그것은 논의되는 대상이 생겨난
당대 현실이면서 이 당대 현실을 논평하는 주체 자신의 현재적 현실
이기도 하다. 당대 현실과 지금 현실—이 두 종류의 현실로부터 그
의 시선은 떨어지지 않는다. 바로 이 점이 그의 논의를, 그 강고한 철
학적 사변과 관념적 성격에도 불구하고, 현실적 정합성을 얻게 하는
요소이지 않나 여겨진다.
    이러한 논의의 세계관적 바탕은, 줄이자면, 실존주의이고 현상

학이라고 할 수 있다. 그의 세계관적 바탕이 실존주의적인 것은 죽음이나 고통 그리고 불안과 같은 인간 개인의 불가피한 운명적 조건과, 이런 조건에도 불구하고 감행되는 선택과 결단의 외로움과 무서움 그리고 그 부담을 그가 부단히 의식하기 때문이고, 그것이 현상학적인 것은 이 한계 조건 아래에서 이뤄지는 보고 듣고 만지고 냄새 맡는 실존의 지각적 경험 아래 그의 모든 인식과 판단이 만들어지기 때문이다.

여기에서 핵심은 사실의 엄중함에 대한 존중이고 직시다. 이 직시를 위해 김우창은 쉼 없이 사실과 직면하고 그와 대결하는 것을 마다하지 않는다. 그러니까 사실은 그의 논의의 토대이고 그 대상이며, 적이자 동료다. 삶의 생존 논리는 바로 이 거칠고 예측 불가능한 사실로부터 생겨나온다.

"사실과의 싸움"

> 그러나 보다 중요한 것은 의식적 선택의 한정조건이 되는 생존의 논리이다.
>
> 김우창, 「문화, 현실, 이성」, 『궁핍한 시대의 시인』, 347쪽

왜 사실에 뿌리를 내리는가? 그것은 인간 현실의 복합적 구조를 규명하기 위해서다. 왜 이 구조를 규명해야 하는가? 그것이 곧 나날의

생존을 조건 짓기 때문이다. 그렇다면, 사실이란 무엇인가? 사실은 언뜻 보기에 객관적으로 명백하게 보인다. 그러나 과연 그런 것인가? 사실이란 얼마나 사실적일 수 있는가? 혹시 사람에겐 '저마다의 사실'이 있는 것은 아닌가? 그렇다면, 사실은 사실상 주관적이고 변덕스럽고 자의적인 것이 아닌가?

사실에 대한 참으로 사실적인 정의는 매우 어려운 것이다. 다시 묻자. 과연 무엇이 사실인가? 그것은, 줄이자면, 지금 여기의 현실이고, 이 현실에 대한 개인적·사회적 경험 내용이다. 혹은 보고 듣고 만지고 냄새 맡고 맛보는 것, 말하자면 지각적으로 경험되는 것이고, 이 지각적 경험의 구체성과 생생함이다. 구체적 세부와 사실적 충일성에 대한 이런 충실이 없다면, 그 어떤 이념도 추상화되고 만다. 현실과 관념, 사실과 사고의 간극은 그렇게 해서 생겨난 것이다. 거짓이란 이렇게 생겨난 간극의 이름에 다름 아니다. 더 정확히 말해 이런 간극이 숨겨질 때, 그것은 발생한다. 말을 허황되게 하고 사고를 상투적으로 만드는 것은 이 간극을 고려하지 않기 때문이다.

그렇다면 이러한 거짓은 어떻게 피할 수 있는가? 혹은 어떻게 줄일 수 있는가? 그것은, 간단히 말해, 사실에 충실함으로써 가능하다고 할 수 있다. 아마도 사실에의 충실을 시작詩作의 가장 중대한 원칙으로 삼은 가장 대표적인 시인의 하나가 김수영이라고 해야 할 것이다. 그의 시는, 김우창이 옳게 지적하듯이, "사실에 철徹하고자 하는 노력, 또는 그의 감정과 표현을 사실에 정확히 맞게 하고자 하는 노력에서 나오는 것"이다(257쪽).

사실에 철저하다는 것은 경험에 주의한다는 것이고, 쉼 없이 현실로 돌아온다는 것이다. 지금 여기의 현재가 중요하고, 이 현재에서 일어나는 현실의 사건 자체가 삶의 스승이라는 점이 중요하다. 그 어떤 이념이나 원칙도 현실의 경과만큼 중대한 것은 없다. 아니다. 이 말은 성글고 성의 없는 것인지도 모른다. 중대한 것은 현실의 경과 자체가 아니라 이 경과의 속성과 본질을 파악하는 것이고, 이렇게 파악하는 가운데 자기 자신을 잃지 않는 것이다. 자기 자신의 무엇을 잃지 않아야 하는가? 그것은 자기가 믿고 있는 생각, 진실하고 진정한 것에 대한 생각이 될 것이다. 진실하고 진정한 것을 담고 있는 마음이란 곧 양심이다. 그러니까 주체의 양심이 견지되어야 할 것이라면, 사실과 현실은 주목되어야 한다. 혹은 양심을 잃지 않기 위해서라도 사실에 주목하는 것은 필요하다.

김수영은 시적 양심 속에서 "사실과 감정의 바른 대응관계에 대한 관심"으로 "감정의 정확성"을 기함으로써 "사실에 어긋나는 감정의 소비를 피하려"고 애쓴다(258, 259쪽). 그의 양심은 사실과 감정이 서로 일치하도록 만들고, 사실과 감정의 이런 일치는 거꾸로 양심을 낳는다. 그리하여 양심의 명증성明證性은 곧 감정의 명증성이고, 이 감정의 명증성은 사실의 명증성에서 온다. 사실과 사실에 대한 감정이 두루 명증한 가운데 양심이 자라난다.

"사실과의 싸움"(309쪽)이 사실의 올바른 규명을 위한 것이라면, 이 규명은 감정의 편향성을 줄이는 데 기여한다. 또 편향성을 줄일 수 있다면, 감정은 어느 정도 공정하게 될 것이다. 그러기 위해 감

사무사 思無邪

정은 수리數理처럼 정확해야 하고, 이성처럼 명료해야 한다. 그런 점에서 사실 검토의 능력은, 김우창이 「말과 현실」에서 적고 있듯이, 올바른 도덕 교육의 목표이기도 하다(388쪽). 윤리적 공정성도 감정을 편향되지 않게 하는 데서 자라나기 때문이다. 편향되지 않는 감정이란 사실의 명증성을 유지하는 데서 온다. 결국 사실과 감정과 양심은 명증성 속에서 하나로 만난다. 이렇게 만나는 상태, 그것은 진정성의 한 척도가 될 만하다. 이성적 문화란, 이런 진정성이 사회제도적으로 뿌리내리고 있을 때, 도달되는 것이리라. "문화의 건전성은 사실의 세계와 감정의 세계와의 정합관계의 유지에 의존한다"(259쪽). 감정이 사실에 부합되지 못한다면, 문화도 건전하기 어렵다.

이런 점에서 보면 사실의 명증성을 기하려는 노력—사실과의 부단한 싸움 가운데 투명한 감정을 유지하려는 노력은 시적·문학적 양심의 유지뿐만 아니라 건전한 시민 문화의 확립을 위해서도 핵심적이지 않을 수 없다. 김수영은 이런 원칙 아래 모든 관습적 생각이나 상투화된 감정을 거부하고자 애썼고, 이것을 직접 일상에서 실험해보고자 애썼다. 그가 옆집 아이에게 상냥하게 인사하는 것을 의도적으로 피한 것도, 이웃뿐만 아니라 자식과 아내와 심지어 자기 모친까지 '적敵'처럼 여긴 것도 그런 이유에서였다. 이런 식으로 그는 자신을 에워싼 조건에, 이런 조건의 안일성이 조장하는 암묵적 마비와 체념에서 벗어나고자 무진장 노력했다. 그리하여 자기 의심, 자기 반성, 자기 부정은 그의 생활수칙이었다.

자기 의심이란 자기 반성력에서 오고, 자기 반성력은 양심에 대한 높은 자의식에서 비롯된다. 그것은 "전면진실의 태도"(269쪽)다. 김수영은 이런 전면진실의 자세로 자기가 경험한 일을 분석하고, 만난 사람들을 관찰하며 느낀 감정을 의심하고 검토한 것이다. 그러나 자기를 의심하는 행위가 늘 믿을 수 있는 것은 아니다. 이 점에 대한 그의 지적은 예리해 보인다.

> 감정의 자기기만을 벗어나는 데 가장 중요한 것 중의 하나는 따라서 자신의 감정적 결백성 또는 이러한 결백성에 대한 요구가 사실에 있어서의 결백을 보장하지 않는다는 사실을 아는 것이다. 많은 사람들은 스스로의 세상의 거짓에 대한 인식이 그로 하여금 그 허위의 질서에서 벗어나게 한다는 착각을 갖는다. 아니면 적어도 감상과 자기연민을 통하여 스스로에 대하여 변명을 마련한다. (261쪽)

사람은 대체로 변명에 변명을 거듭하면서 제 인생을 탕진한다. 그러나, 김우창이 지적하듯이, 결백성에 대한 요구가 곧 결백하다는 것의 증거가 될 수는 없다. 정당성은 정당성의 주장 혹은 자임自任과는 무관하다.

　사실 삶의 정당성은 그 무엇(대상)의 정당성일 뿐만 아니라, 이 대상적 정당성을 말하는 자신(주체)의 정당성을 포함할 때, 비로소 확보된다. 그것은 이중적으로 자리하고, 따라서 이중적 반성의식을 필요로 한다. 그러므로 감정 역시 견고해야 한다. 마치 이성이 감성적으로 구조화되어야 하듯이, 감정은 이성의 정확성과 정밀성 위에

　　　　　　　　　　　　　　　　　　사무사 思無邪

자리해야 한다. 김수영은 모든 상투적 논리, 어설픈 사고와 어정쩡한 감정의 내용을 언제나 사실과 경험과 일상에 비추어 문제시한다. 나아가 이렇게 문제시하는 마음 또한 그는 문제시한다. 이것은 김우창도 마찬가지다.

김우창은, 사실에 대한 거듭된 강조에도 불구하고, 자신의 글이 "사실의 부족과 가설적 이론의 과다過多"라는 결함을 보인다고 『궁핍한 시대의 시인』의 서문에서 고백한다. 그러나 그처럼 부단히 묻고 주의하고 경계하며 진단하고 검토하는 이도 드물다. 이것은 그가 퇴계가 말한 '주일무적수작만변主一無適酬酌萬變'을 자기 학문의 탐구 원리로 삼은 데서도 잘 확인된다. 그것은 하나의 원칙을 견지하되 그때그때 변하는 것에 주의하고, 그것을 관찰하는 가운데 새로운 물음을 제기하며, 이 물음을 통해 자기의 사고를 명료하게 주형해가는 일에 다름 아니다. 이런 반성적 태도는 그의 모든 글에서 의식되고 견지된다(그가 관찰을 중시한다는 것은 최승호론인 「관찰과 시」(김우창, 『시인의 보석』, 민음사, 김우창전집 3)에 잘 나타난다).

그렇다면 김우창의 비평은 물음의 비평이고, 그의 감각은 기율紀律의 감각이다. 이 기율적 감각과 문제 제기적 비평은 최대한의 의식적 명징성을 겨냥한다. 그리고 이 모든 것은 종국적으로 사실 존중에 대한 요구에서 온다. 사실의 충실로부터 대상에 대한 불완전한 진술을 피하고, 삶의 사회적 조건을 정확하게 이해할 수 있기 때문이다. 문학과 문화의 가능성과 한계도 물론 이해의 이 같은 바탕 위에 있다.

감정과 사고의 불철저는 사실 한국의 문학적·문화적·지적 전통에 고질적인 것이기도 하다. 예를 들어 유교적 전통 아래 얼마나 많은 규범과 가치가 상투적으로 도식화되어 있고, 또 물어서는 안 되는 금기 사항이 되어 있는가? 이런 상황에서 많은 것이 억눌려왔고, 배제되거나 숨어 있었다. 그래서 마치 하찮은 것인 양 늘 논의의 가장자리에 놓여 있었다. 아마도 정직성의 훈련은, 그것이 언어적 정직성이든 감정의 정직성이든 혹은 사고의 정직성이든, 한국 문화가 앞으로 해결해야 할 가장 큰 숙제의 하나가 될 것이다. 바로 이 정직성의 과제 옆에 나란히 놓인 것이 정확성의 과제다. 그것은 논리와 사고와 서술과 표현의 적확성 문제다. 언어와 감정의 정직성이건, 사고와 논리의 정확성이건, 이 모두는 행동의 자기기만적 가능성을 없애기 위함이다. 여하한의 자기기만적 가능성을 넘어설 수 있을 때, 자유는 얻어진다. 이렇듯이 자유의 길은 어렵다. 그러니까 자유는, 줄이고 줄이면, 사실과의 부단한 싸움, 이 싸움에서의 경험 존중에서 온다.

사실에 밀착하고 경험 현실에 충실하다고 할 때, 이 사실과 경험에도 물론 여러 가지 종류와 층위가 있다. 그러나 그 중심에는 우리가 매일처럼 겪고 살아가는 일상이 있다. 이 일상적 삶을 구성하는 것은 작고 소소하고 미미한 것들이다. 이 미미한 것들은, 그것이 끝도 없이 반복된다는 점에서 지루하고 따분한 것이다. 이것은 멀리 있는 큰 것이 아니라 오늘 이곳을 구성하는 자잘한 것들이다. 이 흔한 일상의 한없는 순환 구조를 사람은 벗어나기 어렵다. 그러니 이

사무사 思無邪

에 대한 관심은 자연스럽다. 「작은 것들의 세계—피천득론」은 김우
창의 관심이, 전체적으로 보아, 긍정적이고 목가적인 분위기 속에서
피력된 평문이라고 할 수 있다.

작고 미미한 것들

> 우리의 생각에 질감과 힘을 주는 것은 현실과의 관계일 뿐이다.
>
> 김우창, 「남북조시대의 예술가의 초상」, 『궁핍한 시대의 시인』, 274쪽

「작은 것들의 세계」는 피천득 선생의 수필 세계를 이루는 작고 깨끗
하고 조용하고 아름다운 것들에 대한 예찬이다. 그러나 이 예찬은
저자의 세계에 되울린 김우창의 내면 풍경이기도 하다. 그래서 그것
은 금아琴兒 선생의 심성 세계만큼이나 김우창 자신의 심성 세계가
지닌 어떤 면모를 보여준다고 해야 할 것이다.

　여기에서 생활의 작은 것들이란 사람이 나날이 보고 만지고 듣
고 겪는 지극히 사소한, 그러면서도 번거롭고 답답하고 지겹고 귀찮
은 일煩屑事이라고 일단 말할 수 있다. 그것은 금아 선생에게는 자기
가 좋아하는 것들—피아노 소리나 백합, 나뭇잎이나 바람 소리 그리
고 파란 하늘, 책의 어떤 구절, 좋아하는 옷이나 신발 혹은 하루의 어
느 오후나 저녁 시간, 아니면 어떤 계절이나 사람, 이런 사람의 목소
리나 뒷모습, 그리고 그의 어떤 행동이나 이런저런 것들이 남긴 마

음의 알 수 없는 파문과 이런 파문의 미묘한 뉘앙스 같은 것들이다. 여기에는 추억이 담겨 있고, 시간과 인연에 대한 애수와 아쉬움이 배어 있으며, 어쩔 수 없이 사라져간 것들에 대한 탄식과 아련함, 슬픔과 기쁨이 스며들어 있다. 그래서 이 모든 것은 그 나름의 대치될 수 없는 가치와 고유한 몫을 지닌다.

물론 이 작은 것들에만 인생의 가치와 세계의 의미가 들어 있는 것은 아니다. 말할 것도 없이 삶의 테두리를 조건 짓는 것은 크고 역사적인 사건들이다. 그러나 보통 사람들은 이 거대한 역사의 사건들에 접근하기 어렵다. 설령 접근할 수 있다고 해도, 그 일의 시대적 의미를 정확히 파악하기란 지극히 힘들다. 그것이 무엇인지도 모른 채, 대부분의 사람들은 한 사건과 다른 사건을 연이어 겪고 또 잊는다. 아무리 큰 사건도, 마치 아무것도 아닌 것처럼, 그 일을 스쳐 지나가게 되는 것이다. 이렇게 겪은 작고 사소한 것들 안에는 또 그 나름의 번쇄하고 잡다한 사연들이 들어 있다. 그래서 그것은 고루하고 틀에 박힌 것이기 쉽다. 작은 것들에 대한 지나친 골몰은 협소한 세계를 보여주면서 삶의 가능성 자체를 좁히고, 결국에는 시대 현실의 대강大綱과 대의大義를 놓치게 만들기도 한다. 더 위험한 것은 작은 것에 대한 이런 집착이 정치적으로 이용될 때, 그것은, 파시즘의 대중 동원이 보여주듯이, 참으로 끔찍한 비극적 결과를 야기할 수도 있다는 사실이다.

그러므로 거듭 필요한 것은 작고 부분적인 것이란 늘 더 크고 전체적인 것과의 관계 속에서 파악되어야 한다는 원칙의 확인이다(여기에 대해서는 다음 장인 「움직임」의 1절 '부정의 변증법'에서 자세히 다룰 것이다). 적어도 이런 원칙을 잊지 않는다면, 삶의 조건이 험악하고 세태가 허황될수록 거창한 것보다는 구체적인 것에 주의하고 이로부터 시작하며, 멀리 있는 것보다는 지금 곁에 있는 것에 충실할 수 있다. 그래서 김우창은 이렇게 썼을 것이다. "작은 것에의 사랑은 그것대로의 폐단을 낳으면서도 우리를 미치지 않고 살게 하는 유일한 지주支柱가 된다"(246~47쪽).

흥미로운 것은 김우창의 평문 역시, 상당 부분 금아 선생의 수필을 닮아 있다는 점이다. 비록 그는 자신의 글이 "선생의 글을 딱딱한 논설인 양 다루는 흠이 있다"고 자책하고 있지만, 이 자책은 타당해 보이지 않는다. 왜냐하면 이 글은 그의 다른 어느 글보다 훨씬 소박하고 담백하며 편안하게 전개되기 때문이다. 그러면서도 거기엔 여느 다른 글처럼 논리와 철학적 깊이를 내장하고 있다. 다음의 문장은 그 좋은 예로 보인다.

선생의 글은 모질고 모난 논설과는 전혀 다르게 평이하고 일상적인 일들을 곱고 간결한 우리말로 도란도란 이야기한다. 그것은 따지고 묻고 설득하려는 것이 아니라, 다만 우리로 하여금 삶에 있어서의 아름다움의 기미와 기쁨의 계기를 더불어 느끼게 하려 한다. 선생의 글은 과연 산호나 진주와 같은 미문美文이다. 그리고 우리가 알아야 할 것은 이러한 미문이 겉치레의 곱살스러움을 좇은 결과 다듬어지는 것이 아니라는 점이다. 다 아다시피 다른 사람을 부

리고자 하는 언어는 딱딱해지고 추상화되고 일반적이 되고 교훈적이 된다. (252~53쪽)

좋은 글에는 억지와 작위가 없다. 그렇듯이 꾸밈과 수식의 흔적도 보이지 않는다. 미문은, 김우창이 적고 있듯이, "겉치레의 곱살스러움을 좇은 결과 다듬어지는 것이 아니"다. 그의 글은, 마치 금아 선생의 수필처럼 담백하고 간결하고 쉽다. 마치 물이 흐르는 듯 자연스럽게 단어와 단어가 이어지고, 이렇게 결합된 단어들이 문장을 이루고 단락을 구성한다. 그리하여 자연스런 단어와 문장과 단락이 자연스런 기쁨, 즉 "삶에 있어서의 아름다움의 기미와 기쁨의 계기를 더불어 느끼게" 하는 것은 자연스럽다.

놀라운 것은 바로 이 점이야말로 평이함 속의 깊이이고, 평범함이 불러일으키는 작은 감동이라는 것이다. 그것은 어떤 경지, 이를테면 언어적으로나 정신적으로 경지에 이르지 않고는 도달하기 어렵다. 작은 것들에 대한 일상적 관심은 어디까지나 살아 있음의 전체적 맥락, 자연과 역사와의 관련성 아래 파악되기 때문이다.

이 전체 맥락을 의식하면서 글은 다시 지금 여기의 일상과, 일상 속의 감각, 각자의 타고난 본성과, 본성으로 돌아가는 길, 그 길 위에서의 행복의 추구 등등을 생각한다. 어쩌면 이것만큼 삶에 충실하고 자기 자신을 확인하며 이 자기 확인 속에서 이웃의 존재를 생생하게 알아보는 행복한 일도 드물 것이다. 왜냐하면 그것은 여하한의 요설이나 자기 과시에서 오는 공소空疎함과 추상성을 넘어서기 때문이다.

사무사 思無邪

김우창은 이렇게 적는다.

> 작은 것을 생각한다는 것은 오늘의 시대가 제공하는 모든 거창하
> 고 거짓된 유혹을 물리치고 사람이 본래 타고난 신선한 감각을 그
> 대로 유지하는 노력을 엄격히 함을 뜻한다. 작은 것으로 이루어지
> 는 조촐한 생활은 실로 삶의 원초적 진실에 충실하고 현대의 모든
> 가상을 꿰뚫어보는 어쩌면 영웅적일 수도 있는 노력을 요구한다.
> 도연명처럼 삶의 근본으로 돌아가는 일도 큰 이상을 위하여 자기
> 를 버리는 일 다음으로 어려운 것이다. (249쪽)

그러나 이 작은 것들은 그 자체가 아닌 '나와의 관계 속에서' 가치
있는 것이다. 그렇다는 것은 여기에 엄격한 자기 기율이 필요하다는
뜻이다. "작은 것으로 이루어지는 조촐한 생활은 실로 삶의 원초적
진실에 충실하고 현대의 모든 가상을 꿰뚫어보는 어쩌면 영웅적일
수도 있는 노력을 요구한다. 도연명처럼 삶의 근본으로 돌아가는 일
도 큰 이상을 위하여 자기를 버리는 일 다음으로 어려운 것이다." 이
영웅적인 노력, 그것은 어떻게 가능한가? 그것은, 가장 간단하게는,
우리글의 맥락에서 보자면, 사실을 직시하는 일이다. 그리고 이때의
사실도 하나의 단자單子가 아니라 전체를 이룬다고 한다면, 그것은
전면적으로 접근되지 않으면 안 된다. 즉 가능성의 조건 속에서 파
악되어야 한다. 이렇듯 짧고 일상적인 글에도 김우창의 문장에는 많
은 요소가 용해되어 있다.

중요한 것은 사실을 회피하거나 미화하는 것이 아니라 정면으로 직시하고 그와 대결하면서 정확하게 인식하는 일이다. 앞서 언급했듯이, 사실과의 싸움은 이래서 필요한 것이었다. 이러한 싸움은 감정을 절제하고, 사고의 정확성을 추구하는 데서도 나타나지만, 무엇보다 언어에서 잘 구현된다. 사실을 존중하고, 사실에 충실하며, 사실을 꿰뚫으려는 언어는 어떤 언어인가?

뼈의 언어

사실 착근이 사실 규명을 위한 것이라면, 이 규명은 어떻게 이뤄지는가? 다르게 질문해보자. 사실 중에서도 가장 근본적인 사실의 요소란 무엇인가? 그것은 사실을 담아내고 전달하고 표현하는 매체 언어일 것이다.

언어란, 그것이 사실 이전의 사실이라는 점에서, 삶의 여러 사실들 가운데 근본적이라고 할 수 있다. 그것은 성찰의 대상이면서 동시에 성찰의 내용을 담아 전달하고 표현하는 매체이기 때문이다. 이는 언어가 '이중적으로 사실적'이라는, 혹은 메타적으로 사실적이라는 뜻이다. 따라서 언어가 생생하지 못하면, 많은 것은 공허하게 된다. 언어뿐만 아니라 언어가 전달하는 대상의 사실적 내용도 공허해진다. 거꾸로 언어가 생생하면, 그래서 사실적이면, 대상의 사실성은 어느 정도 현실적이다.

그러므로 사실 규명은 언어의 사실성—생생한 언어에서 이미 시작한다고 할 수 있다. 언어의 생생함이란, 그것이 빌려온 감정이나 관념이 아니라 자기 느낌과 생각을 담을 때, 이윽고 획득된다. 그것이 언어의 자기됨이다. 언어의 자기됨 혹은 자기 자신 속에 육화한 언어가 곧 언어의 사실성을 보장한다. 육체의 감각에 입각하지 않는 언어는 사실을 단순화하고, 생활의 실상으로부터 출발하지 않는 사고는 대상을 허위화한다. 이때 감각과 생활이란 무엇보다 자기 자신의 감각과 생활이다.

김우창은 인간 존재의 사회성, 사회적 인간관계의 동적 역학 그리고 그 복잡다기한 경험의 토대가 갖는 중대성에 대해 지칠 줄 모르고 강조한다. 이때의 그의 언어는 자유롭게 구사된 언어다. 이 자유로운 언어로 그는 삶의 근저根底로까지 하강해 들어간다. 감정이든 이성이든 그 기저로 파고드는 언어는 언어의 어떤 근본적인 것을 내포한다. 그래서 실감을 갖게 하는 생생한 것이다. 이렇게 파고들어 간 감성의 기저와 이성의 기저는 서로 만난다. 감성과 이성이 살아 있는 자기 언어 속에서 만나 삶의 바탕을 어떻게 구성하는지 우리는 되물어야 한다. 그러니까 김우창은 이성을 질의할 때뿐만 아니라 감성을 질의할 때도 이때 사용되는 언어가 생활과 감각과 육체와 경험의 세부에 얼마나 닿아 있는지 확인하고자 한다.

이런 관점에서 보면, 감정은 단순히 슬픔이나 기쁨 혹은 분노나 쾌락으로 끝나는 것이 아니다. 그것은 그 나름의 기복과 기승전결을 가지고 있다. 그래서 그것은 자기 감정의 해소로 그치는 것도 아니고, 자기 탐닉에서 헤어나지 못하는 것도 아니다. 만약 자기 탐닉에서 빠져나오지 못한다면, 그것은 가짜 감정, 즉 감상感傷이 될 것이다. 이른바 '낭만적 허위'란 이것을 지칭한다. 김우창은 신동엽의 『금강』을 평하면서 이렇게 적는다. "이 시에서 분노는 연민이 힘없는 체념이나 감상으로 떨어지는 것을 방지해주고, 분노는 연민이라는 개인적 감정에 의하여 공허하지 않은 것이 된다"(208쪽). 그러니까 분노가 없으면 연민은 체념이나 감상이 되기 쉽고, 연민이 없으면 분노는 공허하게 되는 것이다.

감정은, 마치 이성이 그러하듯이, 그 나름의 역학과 회로를 지닌다. 그렇다는 것은 깊은 슬픔에는 슬픔에 머물지 않는, 슬픔을 넘어서려는 어떤 움직임이 있다는 것이다. 그리고 이 움직임은 현실과의 일정한 관계 속에 있으며, 따라서 그것은 기쁨의 한 싹으로 전환될 수도 있는 것이다.

하나의 감정은 그 깊은 곳에 자기 아닌 다른 정서적 잠재력을 갖는다. 바로 이 잠재력 때문에 하나의 감정은 다른 감정으로 변환될 계기를 얻는다. 만약 이런 계기가 없다면, 감정은 자기 변화를 꾀할 수 없다. 왜냐하면 거기에는 감정과 감정 사이의 갈등과 충돌 그리고 생성의 메커니즘이 누락되어 있기 때문이다. 그 메커니즘이란 변증법적 자기 전환의 계기다. 한국의 많은 시인이 횔덜린Friedrich Hölderlin이나 릴케Rainer M. Rilke처럼 "더 깊이 생의 어둠 속으로 내려가"지 못하고 값싼 자기 연민이나 허무주의로 빠져드는 것은 그 때문이라고 김우창은 진단한다(42쪽). 그러나 무절제한 감정의 배설과 과감한 작별을 고하고, 지적 명징성과 사고의 투명성을 수련해야 한다는 것은 김기림과 정지용의 시적 원칙이기도 했다. 이런 명징성과 투명성의 절제 원칙이 간과되면, 감정은 그 자체의 발전 경로를 걷지 못한다. 그래서 일차원적 정서—감상주의에서 정체停滯되고 만다.

경험은 혼돈스러울지라도 이 경험을 다루는 언어와 사고마저 혼돈스러우면 곤란하다. 제대로 된 감정은 안에서 나오는 에너지 이상으로 밖으로부터의 에너지를 지닌다. 그러므로 감정은 감정 자체의 다양한 면모를 생산적으로 육화하고 포용하며 변용할 수 있어야 한다. 감정에는 그 나름의 자기 변형적 동력학이 있기 때문이다. 이 동력학이 없다면, 고통이나 슬픔은 절망의 바닥을 긁고 지나가면서 새 감정으로 고양되지 못한다. 그래서 한탄이나 원망 혹은 체념으로 퇴행해버린다. 이런 상태에서 고통의 원인은 선명하게 밝혀지지 못한 채 몽롱하고도 감미로운 상태로 남는다. 감정의 성장과 진보를 기약하기 어려운 것이다. 김우창이 한국 낭만주의 시사詩史의 맨 앞에 자리한 주요한과 김소월의 시를 "감정주의"로 평가하는 것은 이런 맥락에서다(39, 42쪽).

그러니 최대한의 병폐는 바로 이것—감미로움과 몽롱함이다. 이런 상태에서 세계의 실체는 고통이 있기 전이나 그 후에도 여전히 같은 꼴로 존속하는 까닭이다. 여기에서 세계의 불합리는 논박되지 않는다. 현실의 횡포는 어설픈 타협과 피상적인 인식 속에서 용인되고 만다. 그리하여 고통은 지금과 마찬가지로 현재에도 되풀이되고, 그리고 앞으로도 무한히 되풀이될 것이다. 값싼 감상주의나 수동적 허무주의로는 삶의 현실이 결코 개선될 수 없다.

아마도 이런 문제의식을 자기 시의 창작 원리로, 또 시적 양심의 원칙으로 가장 철저하게 견지했던 시인은 김수영일 것이다. 이것은 앞서 언급했던 사실 충실의 원칙과도 통한다. 그는 검토되지 않은 것은 어떤 것이든, 감정이든 언어든 사고든, 다시 따져보고자 했다. 그러면서 상투적이고 인습적인 것에서 벗어나고자 했고, 심지어 이렇게 벗어나려는 의지 자체도 거짓된 것은 아닌가 묻기도 했다. 이런 우상타파적 태도는 그의 언어관에서도 확인된다. 일련의 「시작 노트」는 이것을 잘 증거한다. 그는 일체의 고정되고 정립된 언어를 거짓으로 여겼고, 끊임없이 달아나고 벗어나고 넘어서는 것이 진실하다고 보았다. 이렇게 달아나고 벗어나고 넘어서는 것은 그 자체로 새로움이고 자유의 표현이다. 마치 낭만주의자에게서처럼, 그에게서 완결은 미완을 지향했고, 기지旣知가 아니라 미지未知를 시적 정신의 목표로 삼았던 것이다. 그러면서 그는, 낭만주의자와는 다르게, 현재적 현실의 사회역사적 조건을 결코 외면하지 않았다. 그에게 배반, 도망, 움직임, 에너지는 열쇠어였다. 배반과 도망, 움직임과 에너지가 그에게는 곧 시이며 자유였던 것이다.[3]

그러나 감상주의적 병폐는 시에만 국한되지 않는다. 설익은 감정의 분출이나 자기 탐닉적·자폐적 주관주의는, 이미 다루었듯이, 한국 문학 일반의 결정적 결함이다(그리고 이것은 한국 사회 대중의 일반적 성향이기도 하다). 그리고 이런 결함은 사실에 철徹하려는 노력의 부족 때문이고, 이 부족은, 여기에도 여러 요

[3] 김수영의 시 세계를 지탱하는 요소는 많지만, 나는 그의 문학 전체를 '움직임'이라는 열쇠어 하나로 이해하고자 시도한 적이 있다. 문광훈, 『시의 희생자, 김수영: 시를 통한 문학예술론과 비평론』, 생각의나무, 2002.

인이 있겠지만, 변증법적 사고력의 미비에서 온다고 할 수 있다. 변증법적 상상력의 결핍이 감정의 낭비와 이로 인한 사실의 과장을 야기하는 것이다.

미숙한 사고는 미숙한 언어에 어느 정도 드러난다. 언어가 미숙한 것은 경험을 제대로 성찰하지 못하는 까닭이고, 사고가 사실로부터 멀어져 있는 까닭이다. 결국 사실을 오도하고 현실에서 도피하는 것은 불철저한 언어의 자연스런 결과인 것이다. 그러므로 철저한 언어란 곧 언어가 사실을 직시한다는 것이고 경험에 충실하다는 것이며 현실을 존중한다는 것이다. 그것은 사실과 판단, 현실과 기호 사이의 간극을 최소화하려는 것이고, 불필요한 감상感傷과 장식과 자기 연민으로 인한 허위화를 경계한다는 뜻이다. 감정의 정확성을 기할 때, 언어도 단단해진다. 언어의 견고함은 사고의 견고함이다. 감각과 사고가 견고하다는 것은 언어가 자기 자신의 색채를 갖고 있다는 뜻이다.

자기 색채를 가진 언어가 개념적·논리적 차원에서 나타나면 사고/사상이 될 것이고, 문장론적 차원에서 나타난다면 스타일style이 될 것이다. 문체적으로 비장식적인 김우창의 언어는, 피천득론에서 나타나듯이, 다루는 대상의 소박함을 닮아 있고, 이런 닮음 속에서도 이 대상에겐 없거나 부족한 철학적 논리를 내장한다. 여기에서 나는 언어의 정체성identity을 생각하고, 언어적 정체성이 갖는 어떤 단계와 수위水位를 떠올린다. 그의 언어가 구현한 정체성의 수위는 어느 정도일까?

언어가 가질 수 있는 자기 정체성에도 여러 단계가 있을 것이다. 누군가의 감각과 사고를 빌려다 쓰는 사람이 있는가 하면, 빌려다 쓰면서 거기에 논평을 가하는 사람이 있고, 자기 언어 속에서 자기 세계를 정립하려는 사람이 있는가 하면, 처음부터 기존의 의미 체계와는 전혀 다른 세계를 보여주는 독창적인 저자도 있다. 맨 마지막의 경우란 아마도 '거대 저자'라고 해야 할지도 모른다. 사실 지성사와 정신사란 이런 거대 저자들의 전람회장과도 같다. 거대 저자란 자기 나름의 독특한 스타일을 가짐으로써 완성된다. 이때 스타일은 문체 이상의 뜻—삶의 양식적 구현을 뜻하는 것에 가깝다. 참된 문체에는 그 글을 쓴 사람의 삶이 묻어나는 것이다. 그리하여 그의 글은 어느 것이나 그 사람의 독특한 성향과 기질, 관심과 문제의식을 특정한 무늬 속에 구현한다. 김우창의 글은 이런 의미론적 무늬로서의 문체를 내장한다.

세 가지 예만 들어보자. 「작은 것들의 세계」라는 평문은 첫 구절부터 눈에 띈다. 여기에는 일상에 서려 있는 놀라운 세계에 대한 철학적 통찰이 아주 평이한 언어로, 그러나 매우 유려하고도 자연스럽게 서술되고 있다.

> 우리의 눈은 생활의 관심에 따라 넓게도 보고 좁게도 본다. 서울 거리는 세계에서도 으뜸가게 번잡한 곳이지만, 그 번잡함은 지상 여섯 자 내외에서의 일이고, 웬만한 지붕 위에만 올라도 우리는 거리 위에 서려 있는 고요에 놀라게 된다. 우리의 관점을 좀더 높이

우주 공간의 한 점에서 지구를 내려다보는 사람의 그것에 옮겨놓으면, 지구의 번잡한 삶은 완전히 적막 속으로 사라지고, 지구 그것도 하나의 죽은 별처럼 보일 것이다. (……) 물에 뜬 연잎 위를 오고 가는 개미를 보면, 그 개미에게는 연잎이 운동장만치는 크고 든든한 느낌을 줄 것이라는 생각이 든다. 그러나 해마다 홍해 바다의 폭이 5cm씩 넓어져가고 있다는 사실을 생각하면, 지질학의 연대로 보건대, 아시아 대륙이 개미의 연잎과 별로 다르지 않게 생각될 수도 있다. (245쪽)

여기에서 어떤 원근법遠近法, perspective은 대상에 대한 일정한 관점을 가능하게 하는 마당 혹은 각도 혹은 시야다. 이 일정한 원근법 아래에서 우리는 지붕의 아래 위를 오르내리고, 연잎 위의 개미로부터 지구 밖의 한 점으로 옮아간다. 대상의 파악은 언제나 일정한 관점 아래에서의 파악이다. 그렇다는 것은, 이렇게 택한 원근법의 밖에서 보면 기존의 이해 내용이란 전혀 다르게 나타날 수도 있다는 뜻이 된다.

사람 삶의 번잡함은, 김우창이 지적하듯이, "지상地上 여섯 자尺 내외"에서의 번잡함이다. 대략 180센티미터의 높이를 벗어나 일상을 살펴보면, 그 왁자하던 번잡함은 어딘지 모르게 사라져버리고, 대신 알 수 없는 고요가 엄습할 수도 있다. 그렇듯이 "연잎 위를 오고 가는 개미"에게 이 연잎은 "운동장"처럼 여겨질 수도 있을 것이지만, "해마다 홍해 바다의 폭이 5cm씩 넓어져가고 있다는 사실을 생각하면", "아시아 대륙이 개미의 연잎과 별로 다르지 않게 생각"
될 수도 있는 것이다. 문제는 '지상 여섯 자'가 상징하는 어떤 생존
적 제약이다. 이 제약은 시공간적 제약이면서, 시공간적 제약으로
인한 인간의 지각적 제약이기도 하다.

　인간의 모든 감각과 사고, 판단과 행위, 인식과 이해는 이 한계
조건 안에서 만들어진다. 지각적·인식론적·감각적 제약 조건은,
인간의 생존을 가능하게 하는 시공간적 테두리의 변함없는 조건에
비하면, 한없이 변덕스럽고 취약하기 그지없다. 우리가 매일 보고
관찰하는 것이란 특정한 시각장視覺場의 자의적이고 불안정한 소산
인 것이다.

　피천득론의 서문이 평범한 언어 속에 담긴 깊은 통찰을 보여준
다면, 「물음에 대하여」라는 글의 마지막 부분은 사물의 존재론적인
맥락에서 펼쳐지는 철학적 통찰을 잘 보여준다. 그래서 더 근원적이
고 근본적인 문제 제기로 여겨지지만, 둘 다 김우창의 독특한 스타
일을 드러내준다는 데는 의심의 여지가 없다.

　　모든 진정한 의미에서의 질문은 우리를 당황하게 한다. 그것은 부
　　정과 허무의 위험을 가져온다. 그것은 주어진 세계를 괄호 속에
　　넣고, 그것의 부정 가능을 생각한다. 뿐만 아니라 물음을 묻는 사
　　람은 허공에 서 있는 것이 아니다. 그의 자기 자신의 서 있는 자리
　　에 대한 물음은 그 자신마저도 허무 속으로 떨어지게 할 수 있다.
　　(……) 존재가 무의 바탕에서 나온다는 것은 존재로 하여금 얼마나

경이로운 창조며 선물이 되게 하는 것인가? (……) 우리는 사회와 역사의 마당에서도 물음과 물음이 열어놓은 허무의 차원을 깨달음으로써 비로소 사회와 역사를 굳어 있는 틀이 아니라, 인간의 자유로운 창조의 소산으로서 다시 돌이킬 수 있는 것이다. 인간의 삶을 둘러싸고 있는 어둠에 비추어 볼 때, 비로소 우리는 우리의 삶이 경이로운 창조며 사회와 역사가 율법이 아니라 사랑과 용서의 계약에 불과한 것이라는 것을 알게 된다. (424쪽)

이 글을 이루는 단어는 전체적으로 보아 평이하고, 그 흐름은 자연스러우며, 그 수사修辭는 군더더기 없이 깔끔하다. 김수영식으로 말하면, 여하한의 제스처gesture나 포즈pose를 벗어던진 담백함이라고나 할까. 그러면서도 그것은 매우 근본적인 삶의 문제—물음과 물음의 연속에서 드러나는 무의 바탕과, 이런 무의 허망한 바탕에도 불구하고, 아니 바탕이 바로 이처럼 허무하기 때문에 갖지 않을 수 없는 삶의 경외감에 대해 서술하고 있다. "존재가 무의 바탕에서 나온다는 것은 존재로 하여금 얼마나 경이로운 창조며 선물이 되게 하는 것인가?"

삶의 허무한 차원을 만나면 사람은 자신을 부정하고 세계를 원망할 수도 있다. 그러나 그것으로 끝나는 것인가? 그렇지 않다. 허무와의 직면은 때때로, 김우창의 통찰이 보여주듯이, 이 사회와 역사가 "굳어 있는 틀이 아니라, 인간의 자유로운 창조의 소산"임을 돌아보게 한다. 어둠이 인간 삶의 한계로서 불평되는 것이 아니라, 오히려 미지의 가능성을 개시하는 출발점이 될 수도 있는 것이다. "인간의 삶을 둘러싸고 있는 어둠에 비추어 볼 때, 비로소 우리는 우리의 삶이 경이로운 창조이며 사회와 역사가 율법이 아니라 사랑과 용서의 계약에 불과한 것이라는 것을 알게 된다." 무의 바탕에서 우리가 만나는 것은 인간의 생애가 "율법이 아니라 사랑과 용서의 계약에 불과한 것"이라는 엄중한 진실이다. 도덕은 단순히 도덕주의 아래 선창先唱될 수 있는 것이 아니다.

참된 도덕은 도덕률의 설파가 아닌 삶의 어두운 바탕, 이 바탕의 상기想起 속에서, 더 나아가 이 상기에서 이뤄지는 창조적 삶과의 놀라운 대면에서 마침내 생겨나는 것이다. 이 대면에서 우리는 삶의 취약한 바탕을 돌아보면서 그 어둠과 무도 헤아리게 되고, 이 무에서 이뤄진 생명의 성취가 얼마나 위태로우면서도 동시에 귀한 것인가를 깨닫게 되는 것이다. 새로운 삶의 조직 가능성은 무의 바탕과 어둠의 직시로부터 비로소 탐색될 수 있는 것이다.

김우창의 언어는 자유자재고, 거의 천의무봉天衣無縫과 같은 거장적 완숙完熟함을 보여주는 듯하다. 그는 서정주의 시를 일러 "매체를 손끝에 익히고 익혀 완전히 자신의 일부로 만들어버린 장인의 솜씨"(222쪽)를 본다고 했지만, 이것은 이 시인의 시적 재능의 원천이기도 하면서 그의 시를 해석하는 김우창 자신의 비평적 재능에도 해당된다고 해야 할 것이다. 아마도 그만큼 비평 대상의 독특한 특징과 고유한 세목細目을 자연스런 언어의 자연스런 리듬으로 깊이 있게 풀어내는 비평가도 드물 것이다. 그는 또 김종길의 시론을 평하면서 이 시인이 비평가로서는 드물게 보는 스타일리스트라고 평가한 적이 있지만, 이렇게 평하는 자기 자신도 뛰어난 스타일리스트임에 틀림없다.

김우창 스타일의 핵심은 무엇일까? 그것은 사유의 견고함이고 논리의 정밀함이며 철학적 언어의 강인함이다. 그는 최인훈의 『소설가 구보 씨의 일일』과 관련하여 최인훈이 "살아 움직이는 의식작용의 정밀한 반사경反射鏡이 되는 관념을 얻었다"고(282쪽) 평가한 바 있지만, 오히려 나는 김우창 이후에 한국의 비평사는 놀랄 만큼 생생한 철학적 비평 언어를 갖게 되었다고 말하고 싶다. 그의 관념과 언어에는 균열이 없어 보인다. 그리고 그의 언어에는 언어가 담은 논리와 관념과 사유가 마치 제 몸과 같아지도록 갈고 닦은 오랜 연마의 흔적이 묻어나기 때문이다. 아니면 그것은 천성적으로 타고난 것인지도 모른다. 아마도 천성과 연마의 부단한 의식적 결합에서 비롯되었을 것이다. 김우창처럼 생생한 관념을 그토록 유연한 언어에 담아 그렇게 자유자재로 적재적소에 사용하는 비평가도 드물 것이다.

김우창의 문장은 자연스럽다. 그의 글은 저절로 만들어지는 사물의 풍경을 닮아 있다. 그렇다는 것은 그의 글이 어떤 삶의 리듬─창조의 물결을 탄다는 뜻이기도 하다. 그래서 시를 만나면 시의 리듬을 타고, 소설을 평할 때면 소설의 리듬을 탄다. 그렇듯이 현실을 분석할 때면 이 현실에 대응하는 이론을 대응시키고, 정치를 분석할 때면 사회과학자처럼 가차 없이 예리한 시각을 끌어들인다. 그의 글은 저마다의 풍부한 뉘앙스와 여운을 담고 있는 것이다. 그는 대상의 이런 다채로운 국면을 하나도 힘들이지 않고 척척 해낸다. 그리고는 마치 아무렇지도 않은 듯 느긋하게 글을 끝낸다. 그는 분명 한국 현대 비평사에서 가장 견고한 철학적 사유와 섬세한 언어적 감각으로 무장된 스타일리스트의 한 사람이다. 김우창의 비평서를 제대로 읽으려면, 이런 사유의 자연스런 리듬과, 이 리듬에 배인 시적·철학적 향내까지 맡아야 한다. 인문학 일반을 학습하는 데는 김우창의 글을 읽는 것만큼 실속 있는 공부가 따로 없을 것이다.

사실 나는 김우창을 한 사람의 평론가나 영문학자 혹은 학자로서보다는 차라리 저자나 작가로서 더 즐겨 읽는다. 자유로운 공동체의 자유로운 언어는 그가 즐겨 읽은 위르겐 하버마스Jürgen Habermas에게 이론과 실천의 궁극적 목표이기도 하지만(429쪽), 굳이 이것이 아니더라도 자유로운 언어는 자유로운 정신과 자유로운 삶의 구현이 아닐 수 없다. 아마도 김우창은 극도로 섬세한 감수성과 강철같이 단단한 사유가 자유로운 언어 속에서 결합된 출중한 작가이고, 이 오랜 작가적 훈련이 독특한 그의 스타일을 가능하게 하지 않았나 여겨진다. 또 이런 독특한 스타일로 무장되어 있기에 거꾸로 그의 사심 없는 초연함이 있게 된지도 모른다. 초연성超然性은 자유에 대한 동양철학적·노장적老莊的 술어인지도 모른다. 나는 이 독특한 스타일을 '뼈의 언어'라고 지칭하고 싶다.

김우창의 언어는 사실에 다가서는 엄격한 언어이면서도 이 엄격함은 밖으로 드러나기보다는 안으로 향해 있다. 그래서 논리절차적으로 난해할 때가 많다. 그러나 피천득론에서 잘 나타나듯이, 담백하고 소박할 때도 적지 않다. 그의 언어는 불필요한 살은 다 제거해버린 후에 남은 뼈의 언어처럼 보인다. 그만큼 즉물적이고 건조하며 물기가 없기 때문이다. 그것은 마치 여분의 것은 모두 걷어내버린 듯한 육탈肉脫된 언어를 닮아 있다. 왜 그런가? 그것은 사실과 부딪히고, 이 사실 현실과 싸워 깎이고 모나고 닳아지면서 가장 정채 있는 부분만 여과해버렸기 때문인지도 모른다. 그러면서 거기에는 사고의 깊이로 인한 울림이 있고, 설득력 있는 논지에도 불구하고 유보감을 잊지 않기에 일정한 여운을 남긴다. 언어에 울림이 있다는 것, 이 울림이 여운을 준다는 것, 그것은 그 언어에 어떤 세계가 있다는 것이다.

생존의 현실에서 죽는 것에도 진실한 것은 들어 있지만, 진실하려면 이 생존의 싸움에서 살아남아야 한다. 그것이 삶의 진실이기 때문이다. 또 험난한 시대에 어떤 자리나 지위를 차지하는 것도 능력의 표현이지만, 여기에도 두 종류가 있다. 능력 이상의 자리를 차지하여 우쭐대는 사람이 있는가 하면, 능력이 있어도 그 자리를 스스로 물리치는 사람도 있다. 어떤 것이든 선택의 문제일 수밖에 없다. 그러나 생존 현실의 이런 착종된 면모를 담아내지 못한다면, 언어는 껍데기일 수밖에 없다. 껍데기 아닌 세계란 이 세계에 내실이 있다는 뜻이고, 고유한 색채가 있다는 뜻이다.

하나의 세계란 고유하고 독자적인 세계다. 스타일은 이것을 지칭한다. 자신의 스타일을 갖는다는 것은, 궁극적으로 보면, 자기 세계를 갖는다는 것이다. 그러니 그것은 사심 없이 초연하고 자유롭게 허허로운 것일 수밖에 없다. 이것은 그의 언어의 성격이면서 그의 인성적 성격이기도 하지 않나 여겨진다. 그를 만나 옆에서 그 말을 듣거나, 그와 대화해보면 이런 초연함은 좀 더 분명하게 체험될 수 있다고 말해도 좋겠다. 사실 그에게는 어떤 명성이나 영광에 대한 관심이 전혀 없는 듯하다. 공명심功名心이나 영광 혹은 영예는 그의 관심사가 결코 아닌 것으로 보인다. 이 허허로운 초연성, 이 초연한 자유의 정신으로부터 그의 비평적 진실성도 나오는 것일지 모른다. 그리고 그 덕분에 그의 언어는 결국 살아남을 수 있었을 것이다.

아마도 사심 없는 초연함, 그 자유로운 언어로 하여 김우창은 기존의 대상을 주체적으로 해석하고, 이런 해석에서 새로운 의미를 창출해낼 수 있었을 것이다. 그러니 그에게 언어의 자유는 곧 해석의 자유이자 의미의 자유 그리고 창조의 자유다. 이 창조의 자유가 주체의 자유라고 한다면, 주체의 자유는 궁극적으로 자유로운 삶에서 완성될 것이다. 해석과 표현, 언어와 의미는 마땅히 삶으로, 삶의 살아가는 자유로 귀결되어야 한다.

자유로운 언어는 결코 창조적 주체성의 다른 표현이 될 수 없다. 이 자유롭고 바른 언어를 개인적·주체적 차원에서 스스로 체현하고, 사회적·공적 차원에서 장려하는 것이 비평과 문화의 과제다.

2부

사상 ——

김우창의 사유는 말의 근본적인 의미에서 '헤겔적'이다. 그러나 이런 규정은 몇 가지 한정을 필요로 한다. 맞기도 하고 틀리기도 한 까닭이다. 그것이 맞는 이유는, 그의 사유가 부분과 전체, 주체와 객체 사이를 부단히 오가면서 더 나은 것으로 나아가기 때문이고, 그것이 틀린 이유는 이런 변증법적 움직임에도 불구하고, 이른바 헤겔 철학의 전체편향적 성격—이것은 그의 사유의 프러시아적·관학적(官學的)·보수적 성격과도 연결된다—으로 귀결되기보다는 개체적 실존의 절실성과 그 지각적 경험의 구체를 중시하기 때문이다.

그러나 전체성에 대한 거리에도 불구하고 김우창의 사유는 여전히 사안의 전체를 겨냥하면서 운동의 성격을 띤다는 것, 그러면서 이 운동은 단순히 관념적 취향의 표현이 아니라 삶의 윤리적 태도이자 자세라는 것, 나아가 이런 자세 속에서 모든 살아 있는 것의 불가항력적 조건을 직시하고 이 살아 있음을 긍정하고자 하는 점에서는 일관되는 것이라고 할 수 있다. 이것은 이른바 그의 '범욕주의(汎欲主義)'로 나타난다. 그리하여 그의 사고의 움직임은 그 자체로 생명적 갈망과 그리움 그리고 그 에너지의 표현이 된다.

3장   움직임

김우창의 사고가 움직임에 있다고 한다면, 이 움직임은 부분과 전체, 개체와 집단, 개인과 사회, 구체와 추상, 감성과 이성, 미시와 거시, 사건과 상황, 존재와 부재, 현실과 의식 등등 여러 방식으로 가능한 다양한 대립항들 사이에 자리한다. 바로 이 사이의 움직임이 의식의 긴장을 유발하고, 이 긴장 속에서 사유의 에너지는 발생한다. 말하자면 그것은 변증법적 사유의 에너지다. 그가 세계를 바라보는 눈, 역사와 현실을 인식하는 관점, 인간을 이해하고 사회를 진단하며 정치를 분석하는 틀, 그리고 문학을 바라보는 시각은 모두 이 변증법적 움직임에서 나오지 않나 여겨진다. 이것은 개별적 대상을 파악할 때도 나타나고 대상의 전체를 파악할 때도 나타난다. 경험적 사안을 검토할 때도 해당되고, 초경험적·형이상학적 사안을 생각할 때도 작동한다.

이런 변증법적 사고가 거시적·통시적 구도 속에 잘 나타난 글이 「일제하의 작가의 상황」이나 「한국시와 형이상」 그리고 「한국 현대소설의 형성」과 같은 글이라면, 개별 대상 안에서 집중적으로 나타난 것이 「궁핍한 시대의 시인—한용운의 시」라고 할 수 있다. 이때 거론되는 사고의 방법은 '부정否定의 변증법'이다.

부정의 변증법

> 아아! 온갖 윤리, 도덕, 법률은 칼과 황금을 제사지내는 연기인 줄을 알았습니다.
>
> 한용운, 「당신을 보았습니다」에서

뤼시앵 골드만Lucien Goldmann은 『숨은 신』에서, 파스칼과 라신과 관련해, 어려운 시대를 사는 인간의 유형을 '비극적 세계관'이라는 개념 아래 설명한다. 세계가 거짓과 부패로 뒤덮여 있을 때, 김우창의 재구성에 따르자면, 현실에 순응하는 일 이외에 세 가지 길이 있다.

첫째, 거짓 세상을 외면하고 초월적 진실로 은둔하는 것, 둘째, 현실에서 투쟁하는 것, 셋째, "진실의 관점에서 세상을 완전히 거부"하지만, "현실의 관점에서 그것을 완전히 받아들이"는 것이다

(126쪽). 왜냐하면 이 세상 밖에서는 설 자리가 없기 때문이다. 그러나 이 세상이 완전히 타락한 곳이라면, 그것은 긍정될 수 없다. 그러니 이 세상을 받아들인다면, 그것은 '부정적否定的으로' 일어날 수밖에 없다. 이 부정적 행동을 하는 인간이 비극적 인간이고, 그의 생각이 비극적 세계관이다. 비극적 세계관 아래에서 세계는 오직 부정적으로 긍정되고, 신은 부재不在와 부정으로서만 나타난다.

골드만은 이 비극적 인간의 예로 작가 파스칼과 라신을 들었다. 이들은 이른바 장세니스트Jansenist들로, 예수회가 인본주의의 영향 아래 기독교 교리를 근대화하고 인간의 자유의지를 강조한 반면, 초대 신앙의 영적 순수성과 내면적 도덕의 엄격성으로 돌아갈 것을 주장했다. 이러한 면모는 그 당시의 정치사회적 상황이나, 이런 상황 속에 놓인 그들의 입장을 살펴보면 좀 더 뚜렷해진다. 장세니스트들은 17세기 프랑스의 절대왕권기에 이 왕권의 수립에 기여한 관리 계급이었다. 그러나 왕권이 확립되고 관료제가 발전함에 따라 그들은 권력의 중심부로부터 점차 멀어지게 된다. 다른 계급들은 독자적 행동으로 현실의 변화에 대처했으나, 이들 귀족들은 왕에게 경제적으로 예속된 채 이러지도 저러지도 못하는 어정쩡한 상태에 놓이게 되었고, 바로. 이런 사회정치적 상황과 이 상황에서 싹튼 생존 논리가 이들의 비극적 세계관을 구현한 것이다. 교황과 왕을 등에 업은 예수회의 공세 앞에서 파스칼은 1656년을 전후하여 이들의 허위와 기만을 폭로하면서 장세니스트의 변호에 적극 나섰다.

김우창은 이 장세니스트의 비극적 세계관을 나라 잃은 일제 시기에 살았던 한용운의 처지에 대입시켜 그의 시에 대한 해석을 시도한다. 말하자면, 파스칼 같은 비극적 인간들이 모순과 모순 사이에서 무기력한 선택을 할 수밖에 없었듯이, 한용운 역시 외세의 침입과 민족의 몰락에 즈음하여 현실 개조와 은둔 사이의 절망적 상황에 처하게 되었다는 것이다. 한용운은 18세 때 동학에 가담했지만, 이 무렵 동학은 이미 대규모로 박해되던 시기였고, 그래서 그는 세상과의 인연을 끊고 불교로 귀의하는 길을 선택한다. 그러나 이러한 귀의는 세상과의 격리를 뜻한 것이 아니었다. 오히려 그것은 부정과 부재의 방식으로 세상에 참여하는 하나의 구체적이고도 형이상학적인 길이었다.

이것을 김우창은 '부정의 변증법'이라는 개념으로 해석한다. 이 해석의 중심에 자리한 것은 「님의 침묵」에 나오는 '님'이다. 한용운에게 님은, 주지하다시피, 민족이고 민중이고 진리고 애인일 수 있지만, 더 중요한 것은 그것이 어떤 확정된 실체로 자리하기보다는 차라리 움직이는 원리로 존재한다는 점이다. 그것은 어떤 실현태가 아닌 잠재태고, 따라서 하나의 가능성으로 있다. 이것을 김우창은 존재와 부재의 변증법으로 파악한 것이다.

한용운에게 존재는 거짓이다. 그것은 이미 실현된 형태이기 때문이다. 참된 존재는 아직 자리하지 않았다. 진실은 지금 부재한다. 그러므로 부재 혹은 무가 진리이고, 참된 존재다. 이러한 생각은 어쩌면 식민치하라는 부패와 타락의 공간에서 당연한 것인지도 모른다. 드러난 많은 것, 보이고 나타난 현상적인 것들은 거짓이고 기만인 까닭이다. 그리하여 님은 멀리 떠난 것으로, 사라진 것으로 자리한다. 님은 오직 부재로서 여기에 자리하는 것이다. 현실의 고통은 바로 이 자리—님이 떠나버린 공간에서 님을 기다려야 하는 현실을 수락하지 않으면 안 된다는 비극적 사실에서 온다. 진리는 오직 부정하는 데 있는 것이다.

이런 변증법적 인식에 힘입어 한용운은, 시 「당신을 보았습니다」에서 썼듯이, 그 어떤 윤리나 도덕 혹은 법률도 칼(권력)을 경배하고 황금(금력)을 치장하는 것임을 자각할 수 있게 된다. 도덕이나 법률은 돈과 힘의 다른 면에 불과하기 때문이다. 부재, 부정, 침묵이야말로 신과 진리와 님이 이 세상에 현현顯現하는 방식이다. 그러니 기쁨은 슬픔으로 전환되어야 하고, 희망은 절망으로 내려가야 하며, 이 슬픔과 절망으로부터 또 다른 무엇이 생성되어야 한다. 이것이 부정의 변증법이고, 부정의 자기 운동이며, 자기 운동을 통한 진리 생성의 새로운 현현 방식이다.

님이라는 근본 존재는 오직 부정하고 침묵하는 가운데 만날 수 있다. 변증법적 자기 운동의 부정성 없이 진리는 포착될 수 없다. 그렇다면 우리는 삶의 모순과 역설을 배제할 것이 아니라 그 모순과 만나고 대결하며, 그 역설을 꿰뚫고 나아가지 않으면 안 된다. 진리는 현실의 밖에서가 아니라 이 현실 안에서, 그러나 오직 부재하는 방식으로 경험될 수 있다. 그러니 은둔이나 외면, 격리나 밀폐는 한용운의 선택이 아니다. 그는 철저하게 개입하고 참여하며 직면하고 대결한다. 그러나 그 방식은, 마치 부정신학적 입장처럼, 부정적이다. 그리하여 완성된 것으로 현존하는 모든 것은, 그것이 계율이든 율법이든 주의主義든, 완전히 거부된다. 그것은 고정된 것이고, 따라서 모순된 것이다. 이런 점에서 보면, 진정한 진리는 진리를 자임할 수 없다. 진리는 진리 자체를 넘어설 수 있어야 한다. 그것은 마치 도덕이 여하한의 도덕주의로부터 해방되어야 하는 것과 같다. 이것은 인위적 구상이나 기획에 들어 있는 기만의 가능성에 주의하기 위해서다. 언어에 대한 불신도 이 옆에 자리한다. 이것은 공空에 대한 이해에서도 이어진다.

불교에서 공空은 단순히 비어 있는 것이 아니다. 그것은, 김우창이 지적하듯이, "부정否定의 끊임없는 움직임 속에 확인되는 것"이다(29쪽). 한용운의 님은 이 움직이는 부정 속에서만 파악될 수 있는 대상이다. 그것은 부재의 방식으로 존재하는 까닭이다. 그래서 그 모습은 숨어 있고, 그 모습이 드러나도 침묵한 채 자리한다. 그러나 그것이 사라진 것은 아니다.

그리하여 님은 단순한 경배의 대상이 될 수 없다. 차라리 그것은 아쉬워하면서 그리워하고, 이 그리움 속에서 성찰하는 대상이다. 그것은 여기에 자리하지만, 그 자리는 비어 있다. 왜 그런가? 님이 자리한 이곳은 어둠의 공간이자 거짓과 불의의 장소인 까닭이다. 이 장소의 불의성不義性은, 한용운의 시대가 식민지 상황이었다는 데서, 잘 확인된다. 이 거짓 공간에서 님은 온전하려야 온전할 수가 없다. 그래서 님은 말을 잃고, 없는 듯이 있는 것이다. "님은 부정, 비진리의 세계에 굽히지 않으려는 투쟁 속에서만 있다"(29쪽). 그러므로 일제의 억압 상황은 가차 없는 부정을 통해 전적인 부재의 상태를 전제함으로써만 바르게 이해될 수 있는 것이다. 한용운의 형이상학도 이런 부정의 변증법적 운동 아래 파악될 수 있다고 김우창은 말한다.

삶은 복잡한 변증법—부정의 자기 반성적 변증 과정을 통해서만 정당화될 수 있다. 한용운은 눈에 보이는 것은 거부해야 했고, 이 부재와 침묵 속에서 진리를 추구해야 했다. 시는 이 부정의 변증법이 실험되는 문학의 공간이었다. 이 문학 공간에서 그의 정치관과 철학, 종교와 형이상학은 분리되는 것이 아니라 하나로 어우러진다.

> 한용운은 종교가며 혁명가며 시인이었다. 어떤 때는 종교가, 어떤 때는 혁명가, 어떤 때는 시인이 아니라, 그는 어느 때나 이 모든 것이기를 원했다. (144쪽)

> 우리가 한용운에게서 보는 것은 타락한 세계에 사는 종교가, 부정不正의 세계에 사는 의인의 모습이다. 그는 현실 부정의 철저한 귀정歸正을 요구한다. 그의 완선完善에 대한 요구에서 볼 때, 현실은 어디까지나 부정되어야 한다. 그리고 그의 정의와 진실은 어디까지나 부정의 원리로서 파악된다. 그러나 그는 또 부정의 계기에서마다 인간의 본래적인 모습이 철저히 윤리적인 것이며, 세상 또한 광명에 찬 것임을 확신한다. 단지 이 본래의 모습은 숨어 있다. 불의의 사회에 있어서 의인이 하는 것은 이 숨어버린 광명을 위하여 증인이 되는 것이다. (145쪽)

전적인 부정의 세계에서 이 부정을 거부하며, 이렇게 거부하는 자신의 삶이 숨은 빛의 증언이 되게 하는 것은 과연 어떻게 가능한가?

「궁핍한 시대의 시인」 끝에서 김우창은, 영웅을 필요로 하는 시대는 불행하지만 영웅을 낳지 못하는 시대는 더욱 불행하다는 브레히트Bertolt Brecht의 말을 인용하면서, 이 영웅의 시대보다 의사義士의 시대는 더욱 불행하다고 전제한다. 그러면서 이 불행을 아마도 한용운은 잘 알고 있었을 것이라고 진단한다. 왜냐하면 시인은, 『님의 침묵』의 「발시跋詩」에서 썼듯이, "여러분이 나의 시를 읽을 때에 나를 슬퍼하고 스스로 슬퍼할 줄을 압니다"라고 썼기 때문이다. 그러면서 자기 시를 읽는 것이 "늦은 봄의 꽃수풀에 앉아서 마른 국화를 비벼서 코에 대는 것"과 같을지 모르겠다고 시인은 적었다. 그는 이렇게 씀으로써 당대의 암울한 현실이 끝나고, 그만큼이나 암울했던 그의 시 역시 지난 시대의 꽃—"마른 국화"이길 바란 것이다. 그러나 김우창은 한용운의 시가 한국 현대사인 20세기 초반뿐만 아니라 후반에까지 이어지는 '궁핍한 시대'의 "아직껏 가장 대표적인 국화꽃으로 남아 있다"고 적는다(147쪽).

이 대목에서 나는 가만히 책을 덮는다. 그러고는 잠시 숨을 고른다. 그러면서 다시 개인과 역사, 개체와 전체의 변증법을 떠올리고, 낙후된 조국의 현실과 식민통치의 강압적 질서를 회고하면서, 이 어두운 체제에서 시를 통해 이 현실을 떠나지 않은 채 현실 개조의 길을 선택했던 만해卍海 시인을 떠올린다. 그리고 이 시대보다 어떤 점에서는 덜 억압적이지 않았던 1960~70년대의 한국 현실을 떠올리고, 이 무렵에 한용운론을 그 어떤 편향성과 감상주의도 경계하며 썼던 김우창을 떠올린다.

한용운의 지사적·의인적 면모는 분명 현실의 다차원성을 단순화하고 있지만, 그의 변증법은 선험적 도덕주의에 이어져 있고, 이 도덕주의는 불교철학의 보수성에 닿아 있지만, 그럼에도 불구하고 개체와 전체, 개인과 사회, 자유와 필연의 부정적 변증법은 어두운 시대에 자포자기함 없이 살아남기 위한 하나의 진실한 원칙이었음을 나는 깨닫는다. 거짓이 아닌 사랑과 거짓이 아닌 역사로 나아갈 수 있는 거짓 아닌 삶은 그토록 여러 고비를 이겨내야 비로소 가능한 것인가.

비평 역시, 줄이고 줄이면, 거짓 아닌 사랑과 역사와 삶을 향한다. 더 큰 모순과 더 작은 모순 사이의 선택은 인간의 삶에서 불가피하다. 선택이 가능하다면, 그것은 최선과 최악 사이가 아닌, 차선과 최악 사이에 있다고 할 것이다. 그러는 한, 정해진 계율에 대한 거부와 기존 규범에 대한 비판은 결정적이다. 변증법적 사고가 요구되는 것은 이런 맥락에서다. 확정되고 정립된 모든 것은 진실의 껍데기일 수 있다. 진실은 오직 부정하는 가운데 지금 여기에서 잠시 경험될 수 있다.

거짓의 추구에서뿐만 아니라 진리의 추구에서도 기만의 가능성이 깃들 수 있음에 주의하는 한, 존재와 부재의 변증법은 불가결하다. 비평의 언어는 이 엄정성을, 이 엄정성 아래에서 부단한 반성적 투시를 육화할 수 있어야 한다.

태도

무릇 모든 아름다움은 우리 자신의 삶의 자세에 대응하는 것이다.

김우창, 「작은 것들의 세계―피천득론」, 『궁핍한 시대의 시인』, 247쪽

사유의 움직임이 언어로 나타나는 한, 움직이는 사유는 곧 움직이는 언어에 대응한다. 이 언어적 움직임은 표현의 선율과 리듬의 유창함으로 나타날 것이다. 변증법적 인식의 관점과 이 인식을 실어 나르는 언어적 리듬은 개별 작가를 파악할 때뿐만 아니라 여러 작가들이 어울려 관계하는 한 시대의 문학적 성격이나 장르 형성의 역사를 파악할 때도 해당한다. 이미 언급했듯이, 일제 시대 한국 문학의 성격을 규명한 「일제하의 작가의 상황」은 바로 이런 시각에서 시도된 것이다.

여기에도 여러 가지 요소가 있으나, 간단히 말하자면, 그것은 부분과 전체, 개별 작가와 식민 문화의 착잡한 상황 아래 논의된다. 이 시대의 개별 문학을 거론하면서 식민지라는 전체 상황을 언급하지 않는다면, 그것은 현실적일 수 없다.

그런데 식민주의의 파급력이란 단순히 정치적 탄압이나 경제적 수탈에만 국한된 것이 아니다. 그것은 전면적이어서 보이는 것 이상으로 보이지 않게 작동하고, 이런 전방위적 작동이 수십 년간 계속되면, 그것은 식민지에서 살아가는 사람들의 제각각의 생활 관습과 일상 태도에서, 의식적이든 무의식적이든, 이미 체화된다. 그리하

여 어떤 시점부터는 지배문화의 침투와 피지배문화의 핍박 같은 이분법은 증발되고 만다. 내외적으로 야기된 전全 사회적 붕괴가 어떤 대목을 지나면서부터 아무런 문제의식도 일으키지 못한 채, 자연스런 생활의 일부로 내재화되어 고착되는 것이다. 이렇게 되면, '추종'이나 '배신', '친일'이나 '반일' 같은 말은 어쩌면 당시 현실의 실상을 포착하기에는 지나치게 부정확하고, 그 때문에 불성실한 어휘일 수도 있다. 예를 들어 전통문화에 대한 반감은 많은 부분 식민 문화에 대한 호기심 혹은 애착으로 나타날 수 있고, 신질서에 대한 저항이 반드시 구질서에 대한 옹호가 아닐 수도 있는 것이다. 그러니 많은 요소는 어떤 행동이나 결단 속에 차라리 모호하게 혼재하는 것이라고 말해야 한다.

여전히 강조되어야 할 것은 부분과 전체, 특수와 일반, 개인과 사회 사이의 변증법이다. 더 자세히 말하면, 중요한 것은 변증법 자체가 아니라 변증법적 시각이다. 이 시각은 움직임의 언어에 담겨 삶으로 육화된다. 변증법적 사고란 결국 이런 사고로 살아가는 주체의 주체적 삶의 태도로 귀결된다.

만약 변증법을 하나의 개념이나 방법론의 관점에서만 파악한다면, 그것은 단순한 고찰이지 않을 수 없다. 변증법은 하나의 방법이면서 더 나아가 무엇보다도 삶의 자세로 체화되어야 한다. 이 변증법적 사고에서 움직임-유동성-탄력성-유연함 그리고 리듬과 선율은 결정적이다. 바로 이 리듬과 선율로 하여 김우창의 사고와 언어는 자기 만족적 협애함을 벗어난다. 이런 사고의 움직임은, 이 책 1장 1절

「자기 물음」에서 살펴보았듯이, 세계에 열려 있는 '하나의 움직이는 점'으로서의 자아의 구조에 대응한다. 나라는 존재가 이미 세계에 열려 있고, 내가 가진 하나의 관점에 타인의 관점이 겹쳐 있으며, 그 때문에 나는, 원하든 원하지 않든, 세계의 전체 과정에 참여한다는 삼투적 상호주관성 자체가 주체의 움직임과 이 움직임의 변증법을 추동시키는 조건이 되는 것이다.

그러므로 변증법적 삼투작용에서는 많은 것이 공존하는 가운데 부단한 변형 과정에 있다. 그래서 스스로 변하면서 상대를 변화시킨다. 새롭다는 것은 우선 방법적으로 새롭다는 것이고, 방법적 새로움은 형식에서뿐만 아니라 내용에서도 나타난다. 그래서 사고의 새로움은 감각의 새로움에서 나오고, 이 새로운 감각은 새로운 사고를 거쳐 새로운 언어로 표출된다.

감각과 사고와 언어의 새로움은 곧 세계의 새로움에 다름 아니다. 세계의 새로움은 주체가 얼마나 감각적으로 신선하고 사고적으로 창의적이며 언어적으로 유연한가에 달려 있다. 이렇게 전환된 결과에서 내용과 형식, 의미와 방법은 더 이상 따로 있지 않다. 그것은 하나로 지양되기 때문이다. 이렇게 제각각의 존재를 더 높은 수준으로 지양시켜가는 힘, 그것이 사고의 변증술이다. 이 변증술에서 내용적·형식적 신선함은 주체의 행동 속에 하나의 윤리적 태도로서 구현된다. 변증법의 윤리적 육화라고나 할까. 변증법은, 말의 바른 의미에서, 단순히 방법론이나 이념이 아니라 실천의 내용이 되는 것이다.

변증법에서는 물론 상관되는 두 축이 다 중요하다. 그리고 그러니만큼 둘 사이의 균형이 중요하다. 그러나 무게중심은 어디까지나 부분/특수다. 특수가 인간에게 적용될 때 그것은 개인이 되고, 사물에 적용될 때 개체가 되며, 사건에 적용될 때 세부가 된다. 변증의 부정 과정을 걷는 것은 주체의 자유로운 선택에 따른 것이다. 이 자유로운 선택에 따른 책임을 그는 자발적으로 짊어진 채 자기 삶을 살아간다.

그러나 이러한 삶이 간단할 수는 없다. 그것은 매일 매 순간 갈등과 맞부딪쳐야 하고, 이렇게 맞부딪치며 싸워야 하며, 이런 지속적인 싸움을 견뎌내야 한다. 그리고 이 견뎌냄의 과정은 착잡한 애증으로 뒤엉켜 있다. 삶은 근본적으로 허황된 것이지만, 이 헛된 삶의 의미 있는 선택을 통해 그가 님의 길로 나아갈 때, 이렇게 나아가기 위해 매일 매 순간 정진할 수 있을 때, 각성頓悟이 찾아들 수도 있다. 이것은, 일반적으로 보면, 지금 여기의 현재적 경험을 중시하는 것이 되고, 이념적으로 보면 개인주의적 윤리와도 이어지며,[4] 예술 장르적으로 보면 문학과 연결된다. 문학은 개별적 개인의 구체적·실존적 삶으로부터 서술하기 때문이다. 이런 관점에서 보았을 때, 한국 현대시가 드러낸 결함은, 「한국시와 형이상—하나의 관점: 최남선에서 서정주까지」에서 지적되었듯이, 분명해진다.

김우창은 한글 첫 세대의 작가인 최남선이나 이광수가 피폐화된 유교적 전통가치에 대한 신랄한 공격으로 시작했지만, 그것이 추상적 개념이나 교훈주

4 이와 관련하여 나는 김우창의 사고를 '개인주의적 책임윤리'라는 개념 아래 파악하려고 시도한 적이 있다. 문광훈, 「자기형성의 심미적 윤리: 김우창론」, 《한국예술총립 문학편IV》, 통권 48호, 대한민국 예술원, 2009, 253~81쪽 참고.

의로 말미암아 철저했다고 말하기 어렵다는 것, 그래서 삶의 구체적 풍요로움에서 유리된 공허감을 안겨준다는 전제에서 논의를 시작한다. 이어 그는 한국 시사의 낭만주의 시인인 주요한과 김소월의 시는, 이들이 감정의 내적 역학에 대한 인식 부족으로 현실적 에너지를 가지지 못했다는 점에서 자기 탐닉적 "감정주의"로 귀착하고 만다는 것(42쪽), 이에 비해 김기림과 정지용은 기존의 낭만주의 시인보다 훨씬 이지적 명징성으로 무장되어 있었지만, 김기림은 단편적 대상을 전체적 구조 속에서 보지 못했다는 점에서, 그리고 정지용은 김기림보다 사실 경험에 더 충실하고 금욕주의적 엄격성을 가지고 있었지만, 종교적 영감이 시의 표면에 지나치게 노출됨으로써 한계를 드러낸다는 점을 지적한다. 이들 이후 청록파는 김소월의 감정주의와 정지용의 이미지즘을 통합시키면서 독자적 정신세계를 창조했지만, 그리고 이 세계는 박목월에게서 여성적으로, 조지훈에게는 남성적으로 표현되었지만, 이 두 시인의 고요는 "양식화된 표현을 통하여 직시적인 초월을 얻는다"는 것, 그래서 그 감정의 변증법 역시 "압도해오는 상황 속에서 쉽게 퇴장하는 단독강화를 이루는 방법"이었다고 평가된다(59쪽).

김우창은 상반되는 두 축을, 감정이든 이성이든, 육체든 정신이든, 자아나 현실, 혹은 주체든 객체든 간에, 동시에 인지하지 못할뿐더러 인정할 수도 없었던 "직시直時 초월超越의 전통" 때문에 한국 시인은 오랫동안 "자기만족의 주관적인 세계에 가라앉아 있게" 되었다고 설득력 있게 진단한다(60쪽). 이 오랜 굴레를 벗어난 시인으로 그는 박두진과 서정주를 든다.

청록파의 마지막 한 사람인 박두진은, 김우창에 따르면, "자연에의 감각적인 열중을 곧 정신적인 경험으로 변형시킬 수 있는 힘을 가지고" 있었고(59쪽), 이 점에서 그는 감각과 정신의 양면을 동시에 인지한 시인이라고 할 수 있다. 서정주는 인간과 그 현실에 배인 모순을 직시하고 그 악을 인정한다. 이 시적 직시와 인정의 힘은 사실에 대한 충실성이나 진정성, 대결의지, 신화적·초월적 비전 그리고 이런 비전의 근거로서의 동양적·신라적 귀의 그리고 솔직성에서 나온다. 이런 여러 덕목을 구비함으로써 서정주는 시력詩歷 50년 동안 놀라울 정도로 다채로운 세계를 보여주는 데 성공한다. 그러나 후기의 무속적 입장은 그의 현실감각을 마비시키고, 급기야 한국 시의 오랜 각질인 직시 초월의 타성을 그대로 답습하게 하는 데로 이어진다. 그래서 김우창은 쓴다.

> 그 결과 그의 시는 한국의 대부분의 시처럼 자위적인 자기만족의 시가 되어버린 것이다. 다시 한 번 말하여, 이러한 서정주의 실패는 한국 시 전체의 실패이며, 이것은 간단히 말하여 경험의 모순을 계산할 수 있는 구조를 이룩하는 데 있어서의 실패이다. (67쪽)

이런 일련의 논의에 대한 나의 요약은 물론 사안의 복합성을 단순화한 것이지만, 어떻든 이런 조감적 평가를 통해 김우창은 한국 시가 '구조적 실패'에 이르렀다고 진단한다. 이 어조는 단호하고 그 평가는 적확하다. 이런 실패의 핵심에는 "경험의 모순을 계산할 수 있는" 사고력의 부재가 자리한다. 이 사고란, 이 글의 맥락에서 보자면, 변증법적 사고다. 상충되는 요소를 동시에 인식하지 못하는 것은, 그래서 어느 한쪽으로 편향되고 마는 것은, 그것이 감성이든 이성이든, 대상을 넓고 깊은 맥락에서 파악하지 못한다는 뜻이다. 그것은 경험적 충실의 결핍뿐만 아니라 경험을 넘어가는 열정―초경험적·형이상학적 정열의 결핍이다. 그러나 정작 필요한 것은, 그가 지적하듯이, "일상적인 세계의 지루하고 얼크러진 것들의 밑바닥을 꿰뚫어보고자 하는 형이상학적 정열"이다(70쪽). 결국 경험의 모순을 포괄하지 못하는 형이상학적 사고와 정열의 부재, 이것이 한국 현대 시의 가장 결정적인 병폐가 된다.

흥미로운 것은, 현대 시사 그리고 문학사에서의 이 결함이 그대로 한국 지성사/정신사의 누락으로 연결될 수 있다는 사실일 것이다. 그렇다고 한다면, 우리 문화와 철학의 가장 취약한 지점 역시 부분과 전체에 대한 변증법적 인식 능력의 부족에 있다. 그것은 다른 식으로 말하면, 모순의 현실을 정면으로 직시하고, 그와 직접 대결하려는 의지의 박약함이다. 아니 단순히 의지의 박약함이 아니라 포용력의 부재가 문제인 것이다. 이런 포괄적 관점과 인식력의 결핍으로 인해 우리는 너무 안이하게 현실과 타협하고, 너무도 섣불리 사실을 왜곡해온 것이다.

이 관행화된 사실 왜곡과 현실 타협 속에서 아무리 조화와 화해를 외친들 이 듣기 좋은 말이 거짓이 아니 되긴 어렵다. 전통적 사고의 많은 것이 지적 신뢰를 잃는 것도 이 때문이다. 조화는 불화를 견뎌내야 하고, 긍정은 부정을 관통해야 하며, 일치를 위한 노력은 모순을 외면하지 말아야 한다. 상치되는 것들에 대한 포섭적 노력이야말로 변증법적 운동이고, 형이상학적 에너지의 표현이다. 이 변증법적 움직임에 힘입어 우리는 도덕적 수사修辭 밑에 자리한 위선과 과장과 탐욕을 투시할 수 있다. 도덕적 덕목이란 많은 경우 은폐된 자기 이해自己利害의 외적 장식물인 까닭이다.

시에서 표현되는 것 혹은, 더 정확히 말하여, 작동하는 것도 이런 변증법적 운동이고, 문학에서 경험되는 것은 이 형이상학적 에너지다. 이 형이상학적 에너지와 운동은 물론 개별 속에서 삶의 전체를 향한다. 거꾸로 전체의 조건이 성숙해질 때, 이 전체의 일부로 자리하는 문학과 시도 제대로 된 표현을 얻을 수 있다. 삶의 현실이 납득할 만한 문학 작품으로 형상화되는 것은 이런 경로를 통해서다.

전체성에 대한 의식

삶의 참 모습을 포착하고자 하는 노력은 자연과 역사와 나날의 삶을 하나의 의식 속에 꿰어 가지려는 노력이다.

김우창, 「작은 것들의 세계—피천득론」, 『궁핍한 시대의 시인』, 246쪽

한 시대가 현실에 대한 제대로 된 관점과, 이런 관점을 담은 문학 작

품을 얻는다는 것은 저절로 되는 것이 아니다. 물론 시대적 제약에도 불구하고 어떤 예외적 존재가 없는 것은 아니다. 그러나 대개의 경우, 거기에는 자유와 표현을 위한 정치적·제도적 조건이 전제되어야 하고, 근대적이고 민주적인 사회질서 아래 경제적 토대가 확고하게 마련되어야 하며, 건전한 시민의식과 나날의 평화가 사회 구성원의 일상적 삶에 배어들어 있어야 한다. 그리고 무엇보다 언어와 사고가 삶의 구체에 닿아 있어 허황되지 않아야 하고, 이념과 행동 사이의 간극을 최소한으로 줄이려는 개인적·사회적 노력이 있어야 한다. 이것은 한 사회의 전체적 성장이나 각 구성원들 삶의 구체적 내실화 없이는 실현되기 어렵다. 바람직한 사회란 몇 개의 슬로건이나 정치적 프로그램 혹은 몇 사람의 영웅적 행위로 해결될 일이 결코 아닌 것이다.

조선 후기에서 일제 강점기에 이르기까지 이 시기에 일어난 동학 농민 봉기나 독립협회의 근대화 이념, 반제국주의적 의병 봉기 그리고 3·1 운동에 이르기까지 한국 사회의 근대화를 이룩하려는 각 분야에서의 분투와 노력은, 그 많은 시련과 제각각의 사연에도 불구하고, 대체로 실패로 끝나고 만다. 이런 현실의 복잡다기한 맥락 속에서 한국 현대 소설의 의미를 검토한 것이 「한국 현대소설의 형성」이라는 논문이다.

근대성이란 것도 정치적·경제적·법률적·문화적·정신적 차원 등 다양한 각도에서 검토할 수 있지만, 문학에서의 근대성이란, 간단히 말해, 개인이 자신의 삶을 다른 개인과 어울리는 가운데 어떻게 그 전체적 맥락 속에서 꾸려갈 것인가를 서술하고 탐구하며 표현하고 이해하는 문제라고 할 수 있다. 여기에도 개인과 사회, 개체와 전체의 얽힘이 있고, 개인성과 자발성의 문제가 있으며, 자유와 책임, 자의식과 반성, 서술과 표현과 언어, 변증법적 상호교차, 사회의식과 역사 인식 등의 문제가 있다. 현대 소설이란, 줄이자면, 어떻게 개인이 주체적인 자의식을 가지고 사회 속에서 다른 사람과 더불어 자기 삶을 자유와 책임 아래 꾸려갈 수 있는가의 문제와 다르지 않다. 그러나 어떤 주제이건, 그 핵심은, 다시 줄이자면, 구체적 삶의 현실이고, 이 삶의 경험이며, 이 경험에서 어떻게 감각하고 행동하고 표현할 것인가의 문제로 수렴되는 것이다. 그러니 일상적 경험의 구체적이고 실감 있는 형상화가 현대 소설의 급소인 셈이다.

이런 관점에서 보면, 19세기 말의 신소설 이후 20세기 초까지 이어진 현대 한국 소설의 빛과 그림자는 확연히 드러난다. 그것은 개별적 인간의 구체적 삶이 생생하게 묘사되는 것이 아니라, 몇몇 인물들의 영웅적 행위나 추상적 논조로 설파된다. 거의 모든 인물들은 곰곰이 사고하며 살아가는 것이 아니라 즉각적으로 느끼고 충동적으로 반응한다. 감정의 과장이나 행동의 자기기만 없이 주체적 판단과 반성적 자의식 아래 살아가는 것이 아니라, 외부에서 주어진 대로 또 누군가 시키는 대로 행하고 느끼고 살아가는 것이다.

그리하여 묘사되는 사건은 어떤 납득할 만한 필연성 속에서 전개되는 것이 아니라 우연하고도 급작스럽게 일어나 사람을 옥죄고 그 관계를 악화시킨다. 사람들은 이런 사건 앞에서 배반과 복수의 사이클에 속수무책으로 얽혀들면서 원한과 분노의 즉각적 감정에서 벗어나지 못한다. 인물이든 사건이든, 혹은 이 모두를 전달하는 언어 역시 생활의 맥락으로부터 스며나오지 못하는 것이다. 그렇다는 것은 작가가 삶의 맥락을 전체적으로 의식하며 인간과 사건을 포괄하지 못한다는 것을 뜻한다. 김우창이 보여주는 대로, 이인직의 『귀鬼의 성聲』이나 『치악산』에서부터 시작하여 이광수의 『무정無情』에 이르기까지 소설 인물들의 도덕 원리는 내면화되어 있지 않고, 그래서 그들은 자기 행동을 반성하지 않는다. 그들은 대개 원한과 분노, 탄식과 눈물 속에서 충동적이고 본능적으로 살아간다. 그래서 그들의 삶은 지극히 불안정하고 예측 불가능하다. 이런 충동적 인간들로 구성되는 사회의 질서가 험악해지고 폭력적이 되는 것은 당연하다고 해야 할 것이다.

이런 무반성적 공간에서는 어떤 책임 있는 주체도 없고, 그 어떤 합리적 제도도 자리하지 않으며, 납득할 만한 법률의 공적 제재도 작동하지 못한다. 그 세계는 근본적으로 전근대적이다. 20세기초 식민지 현실은 바로 이런 불합리하고 자의적이며 비윤리적 전근대성의 사회였던 것이다. 한국의 현대사는 이런 낙후된 비이성적 폭력 세계로부터 개인적 의식의 성장과 사회 전체에 대한 의식의 진전, 정치경제적 조건의 합리화와 가족제도의 탈권위화 등에 힘입어 조금씩 조금씩 자라나온 것이다. 이 성장의 경로에서 이광수와 염상섭의 기여는 지대하다.

『무정』에서의 현실 묘사는, 김우창은 이렇게 평가하는데, 이해하기 힘든 우연과 운명으로 점철된 이인직의 세계에서보다는 훨씬 합리적이고 안정되며 균형 잡혀 있는데, 이런 발전에는 여러 착잡한 이유가 개입한다. 왜냐하면 이러한 심화된 현실 묘사가 한국 근대화의 산물이라면, 이때의 근대적 발전이란 말할 것도 없이 식민지적 착취 체제의 한 결과로 나온 것이기 때문이다.

『무정』의 주인공 역시 이런 체제의 부산물이다. 그래서 그는 그리 믿을 만한 인물이 못되고 그가 활동하는 행동의 구조도 엉성하다. 이 엉성함은 작품 끝에 제시되는 이광수의 근대화 이념에 내재된 오류에서 가장 분명하게 나타난다. 작가는 여기에서 조선의 모든 것―경제나 교육이나 문학이나 언론이 "장족의 진보"를 이루면서 "우리 땅은 날로 아름다워간다"고 적고 있기 때문이다. 다시 말해 이광수는, 김우창의 적확한 지적대로, "조선이 식민지 통치 하에 있다는 사실을 완전히 망각하고", "인간성의 해방의 문제를 모방문화에의 예속으로 잘못 연결"시키며, 이때 도달된 한국 사회의 합리화가 "근본적으로 식민주의의 비이성에 봉사한 것이기 때문에 우리 사회에 있어서 거짓 이성의 전진을 나타내는 것"이라는 사실을 알지 못한다(104쪽).

앞의 글에서의 '모든 것'이란 물론 식민지 착취 체제고 제국주의적 문화다. 20세기 초의 한국 근대화란 이런 제국주의적 서양 문화를 그 나름으로 흡수했던 일본 식민지 문화의 막대한 영향 아래 있었다. 따라서 그것은 이중적 혹은 다중적 모순과 한계를 가진 것이었다. 문학이 문화의 일부로 있고, 이 문화가 식민지 질서 아래 작동하는 것이라면, 당시의 조선 문학이 건강하고 건전할 수는 결코 없었던 것이다.

그리하여 이광수는 자신의 문학이 놓여 있는 사회역사적인 자리를 정확히 파악하지 못했고, 문화적 성장이 어디에서 와서 누구에게 봉사하는지 예리하게 인식하는 데 실패한다. 그래서 그가 외친 문화주의는 문화이되 거죽만의 문화에 가까웠던 것이다. 그것은 식민주의의 비이성 위에 정립된 것이기에 온전한 전체성, 바른 이성이기 어려웠기 때문이다. 물론 이런 한계에도 불구하고 기여점이 없는 것은 아니다. 그러나 그것은 제한된 공헌이다. 김우창은 삶 전체에 대한 문학의 의식 그리고 한국 사회의 각성은 그 이후 김동인 등의 작가나 특히 3·1 운동과 더불어 성장하고 있었다고 진단한다. 그렇게 성장한 문학적 의식의 좋은 예가 염상섭이다. 염상섭의 『만세전 萬歲前』은 사회의 전체 모습을 유기적 관련 속에서 면밀하고도 다각적으로 묘사한 작품이다.

염상섭의 『만세전』이 이룬 문학사적 성취에 대한 김우창의 분석은 면밀하다. 전통적 유교 규범의 타락이나 제도, 특히 가족제도의 부패, 식민통치의 억압성, 윤리의 가면 아래 행해지던 이기와 탐욕, 온갖 명분의 거짓과 자기정당화 그리고 피동성 등 여러 요소가 지적되지만, 그 가운데 핵심적인 것은 주인공 이인화의 윤리관에 대한 언급으로 보인다. '사람 하나 구하는 셈치고' 첩을 들여놓았다는 형에 대하여 주인공은 '사람을 구한다'는 생각 자체가 지나친 자긍이며, 무엇보다 사람은 "자기를 위해 산다"는 것을 인정하고, 이렇게 자기를 위해 사는 사람들로 이뤄진 사회에서의 상호협조적 의무를 받아들여야 한다고 말한다.

여기에 대해 김우창은, 첫째, 염상섭이 이광수나 김동인 등의 문화주의자와는 달리 일본 생활의 이념을 "신문화의 이념으로 받아들이는 것을 거부한다"는 것(118쪽), 둘째, "자신의 생활의 진실에 입각하지 않은 관념적 선택이 사실을 단순화하고 허위화한다"고 생각함으로써 "윤리의 문제에서 모든 이상주의적 허세를 배제하는 태도"를 보인다고 옳게 진단한다. 정해진 도덕률이나 이념이 매일의 생활과 따로 있는 것이 아니라, 바로 이 생활로부터 도덕적 원칙이 자라나오고 그 실천이 행해짐으로써 작가는 허황되고 거짓된 자기 정당화로부터 벗어나게 된다는 것이다.

이런 이유에서 『만세전』의 주인공 이인화는 일제 지배의 참상은 직시하지만, 그 현실을 부정하지 않는다고 할 수 있다. 그는 비참한 현실을 자기 삶의 일부로 받아들이면서 동시에 부단히 관찰하고 기록하며 반성하길 멈추지 않는다. 이런 반성으로부터 그는 일본 사람에게도 배울 만한 것이 있듯이, 죽은 제도와 윤리에 병든 한국 사회에서도 어떤 다른 가능성을 찾는 것이다. 그러니까 그는 그 어느 쪽도 절대화하지 않듯이, 어느 쪽도 깡그리 부정하거나 외면하지 않는다.

작가의 이런 균형의식은 여러 군데에서 나타나지만, 소설의 마지막에 주인공과 일본 여자와의 관계에 대한 서술에서도 잘 확인될 수 있다. 여기에 대한 김우창의 논평 역시, 마치 주인공처럼, 여러 가지 점을 헤아린다.

결국 주인공의 문제는 문화 전달자와 박해자 양면의 얼굴을 가지고 한국에 등장한 일본에 대한 적절한 관계 정립의 문제로도 볼 수 있기 때문이다. 주인공은 일본을 통하여 얻은 서양의 관점에 힘입어 한국 현실을 비판할 수 있게 되었다. 그러나 그가 서양 문화를 택하는 것은 자기 상실을 수반하는 추상적 선택에 떨어지는 일이 된다. 그는 한국을 택한다. 근본 문제는 사람이 좋든 싫든 자기 자신을 받아들이고 자기가 뿌리내린 사회의 고통을 나누어 가질 수 있는 위엄을 돌이키는 일이다. 이것이 자기 비판을 버리는 것은 아니다. 또 다른 사회인 일본에 대하여 일체 오불관언의 태도를 취하는 것을 의미하지도 않는다. 일본의 한국 침략이 불의인 것은 말할 것도 없지만, 그것은 일본 자체 내의 불의에 연결되어 있는 것이다. 식민지인 이인화는 일본의 자기 개조의 노력 속에 일본과의 유대를 찾을 수 있다(이러한 한일 관계에 대한 생각은 「기미독립선언서」의 생각 그대로이다). (122쪽)

차례대로 짚어보자. 여기에는 대략 다섯 가지 사항이 단계적으로 참작된다. 그러나 그 어떤 것이나 결국에는 한국과 일본의 "적절한 관계 정립의 문제"로 귀결된다.

첫째, 우선 필요한 점은 "문화 전달자이자 박해자 양면의 얼굴"을 가진 일본의 역설적 모순을 고려해야 한다는 것이다.

둘째, 주인공의 현실 비판은 일본의 이런 모순된 지배로부터 얻게 된 것이다. 따라서 그것은 "자기 상실을 수반하는 추상적 선택"

으로 떨어질 수도 있는 위험한 것이다.

셋째, 그러므로 요체는 "사람이 좋든 싫든 자기 자신을 받아들이고 자기가 뿌리내린 사회의 고통을 나누어 가질 수 있는 위엄을 돌이키는 일"이다. 그래서 지금 여기에서 자기 자신을 비판하듯이 타자(식민 질서)를 비판하고, 자기(조선 현실)의 가능성을 탐색하듯이 일본의 변화 가능성 역시 외면해서는 안 된다. 나와 일본인, 한국과 일본의 새로운 "유대" 가능성은 이런 식으로 시작될 수 있다.

넷째, 이 상호유대적 가능성을 주인공은 "일본의 자기 개조"에서 찾는다. 마찬가지 논리로 이렇게 자기 개조하는 일본과 유대하려면, 우리/한국 사회 역시 스스로 변화하지 않으면 안 된다. 이것은 주인공이 사귀던 일본인 여급 정자와의 관계에서 확인된다. 마치 정자가 여급 생활을 청산하고 새로운 삶으로 나서듯이, 주인공 역시 무덤 같은 식민지 생활을 이겨내고자 스스로 다짐한다.

여기에서 핵심은 자기 삶을 살려는 개인의 주체적 의식이다. 이 주체적 자의식은, 그것이 전체 사회에 대한 각 개인의 자유와 책임을 생각하고 내면화한다는 점에서, '근대적'이다. 근대적 개인성은, 개체가 자발적 책임의식 속에서 자기 아닌 타자의 자유와 행복도 생각한다는 점에서 상호주체적이며, 이 상호주체성 속에서 그것은 곧 사회와 이어진다. 바로 이런 근대적 의식이 개인으로 하여금 자기를 넘어 타자에게도 타당할 수 있는 객관적 행동의 가능성을 가늠하게 만드는 것이다. 따라서 이 행동은 '윤리적'이라고 말할 수 있다. 그의 도덕은 더 이상 추상적 관념에 머무는 것이 아니라, 타인과의 사회적 관계 속에서 윤리적으로 작동하기 시작하는 것이다.

그러므로 근대적 개인의 사회적 윤리의식을 지탱하는 것은 타인이 아니라 주체이고, 이 주체의 자기 자신에 대한 자의식이다. 자발적 의식성에 실천을 예비하는 근대적 시민의 전투성이 있는 것이다. 그리하여 개인은 자기 자신의 삶에 대한 주체적 반성의식 속에서 사회의 타자적 지평으로 나아간다.

지금까지 보아왔듯이, 인간은 각자 하나의 주체적 존재로 자기 자신의 삶을 살고, 하나의 독립된 존재로 타인을 만날 수 있어야 한다. 개인과 개인의 이런 독립적 관계는 좁게는 남녀 사이나 가족 안에서 적용된다. 그리고 넓게는 개인과 사회 사이에서 나타나며, 더 나아가면 집단과 집단, 국가와 국가 사이에서도 상호관계의 한 바람직한 모델로 작동한다고 할 수 있다. 혹은 추상적으로 보면, 문화와 문화, 철학과 철학, 사고와 사고의 만남에서도 각 개체의 독립적이고 자주적인 성격은 필수적이다. 상하의 신분 혹은 서열 관계나 지배/피지배의 권력 관계로서가 아니라, 각자가 자율적이고 책임 있는 단위로서 삶의 모순과 싸우고 그 갈등을 조율하는 가운데 서로 존중하고 배려하는 것을 배우며, 이런 부단한 배움의 형성적 과정 속에서 자유롭게 사는 것을 사람은 익혀가는 것이다. 바로 이것이 『만세전』의 주제이고, 넓게는 근대적 시민의식이 지향하는 바다.

한국의 현대 소설은, 이런저런 굴곡과 좌충우돌 속에서도, 크게 보면 이 같은 근대의식의 궤적을 달려온 것이라고 할 수 있다. 김우창은 이것을 '삶에 대한 전체적 의식의 성장'이라는 관점에서 파악하면서, 이 성장은 3·1 운동과 같은 대중운동과 불가분의 관계에 있다고 진단한다. 그리고 이 성숙이 『만세전』에서처럼 단순히 한 사람의 의식을 통해 이뤄지는 것이 아니라 이 성숙에 상응하는 삶이 있을 때, 그 성숙은 어느 정도 완성될 수 있다고 말한다. 말하자면 근대성의 과제란 지금 살아가는 사회의 구성원 각자가 현재적 삶의 상황을 받아들이면서 자유와 책임 아래 그 사회적 조건을 부단히 갱신시켜 가고자 할 때, 그래서 그런 각성된 의식으로 무장되어 있을 때, 비로소 완수되는 것이다. 이때 삶의 보편적 지평은 조금씩 열리고, 그 현실은 이성적 질서를 실현하게 된다. 이런 질서 아래 개인은 아마도 보편적으로 열린 주체─보편적 개인이 될 것이다. 그리하여 보편적 개인이야말로 말의 바른 의미에서 근대적 개인인 것이다.

여기에서 보듯이, 한국 현대 소설의 의미를 전체성의 관점에서 파악하는 것은, 다른 식으로 보면, 한국이라는 지역적·민족적·언어적·문화적 관점을 넘어서서 파악한다는 뜻이다. 그렇다는 것은 이렇게 파악된 한국 현대 소설의 문제점과 지향이란 한국이라는 민족이나 지역 혹은 언어나 문화의 밖에서 파악해도 그 나름의 설득력을 갖는다는 뜻이다. 그러니까 개별 작품을 논의할 때, 김우창은 개체적으로 특수한 관점의 투입과 적용으로 끝나는 것이 아니라 그 독특성과 고유성을 헤아리면서 동시에 보편적 관점에서 파악하는 것을 잊지 않음으로써, 논의되는 내용이 언제나 인간 일반의 열린 관점에서, 말하자면 인간과 인간의 관계, 사회와 역사의 미완결적·자기 진행적 관점에서 어떤 의미를 지니는지 성찰하는 것이다.

예를 들어 김우창이 한용운을 언급할 때, 그의 성취뿐만 아니라 의사적義士的 면모나 선험적 도덕주의에 깃든 비사회성과 비정치성의 폐단을 지적하는 것이나, 골드만의 『숨은 신』에서 언급되었듯이, 불의가 지배하는 세상에서 불의를 이겨내는 방법으로서의 비극적 세계관과 그 방법론으로서의 부정否定의 변증법을 말할 때, 한용운은 지나간 시대의 사람으로서 자리하면서 동시에 오늘의 사람으로 자리한다. 그래서 그것은 지금의 부정不正한 세계에서 우리가 어떻게 거짓되지 않는 방법으로 살아갈 것인가에 대한 하나의 길을 암시해준다.

이러한 거시적 시각은, 소설 인물의 잉여적 성격을 식민지적 상황의 부자유 상태에서 설명하면서도 참된 인간관계가 돈이나 폭력 혹은 윤리가 아닌 '무상적 증여'를 통해서만 자유로울 수 있다는 것, 그리고 바로 이 점에서 이상李箱 소설이 식민 시대 주변의식을 넘어 인간의 보편적 가치를 보여준다는 점을 지적하는 데서도 반복된다. 마찬가지로 윤동주 시에 나타난 시대의 어둠과 내면적 고통이란 이 시인이 키르케고르 식 윤리적·심미적 완성의 길을 걷는다는 데서 온다고 언급할 때, 윤동주는 일제 치하에서 옥사한 불행한 시인이면서 오늘의 시대에서 독자가 삶의 도덕적·형이상학적 가능성을 잊지 않고 살아가기 위해 어떻게 자아를 다독여야 하는지 보여주는 것이다.

이런 식으로 개별적 인간의 개별적 상황과 고민은 서구의 문학과 철학 그리고 문화가 일궈놓은 보편적 정신과 지향의 관점 아래 재

해석되고, 이런 재해석이 그 나름의 설득력을 내장하고 있는 한, 한국 문학의 지평은 자연스럽게 심화되고 확대된다. 그러므로 김우창의 평문에서 다뤄지는 한용운은 식민 시대의 독립투사이자 시인으로서의 한용운이면서 동시에 세계 문학사와 세계 지성사의 한용운이다.

그렇듯이 윤동주는 일제 치하에서 비극적으로 옥사한 1940년대의 시인이면서 현실의 파고波高를 마주보며 자신의 자아를 지키려 했던 내면적·양심적 인간의 전형이기도 하다. 윤동주는 단순히 한국의 한 시인에 그치는 것이 아니라 시대의 치욕과 현실의 수모를 시적 연마로 막아내려 한 고귀한 정신의 증언자로 자리하는 것이다.

이러한 면모가 드러나는 것은 물론 삶의 전체를 의식하고 포용하는 김우창의 비평적 개성 덕분이다. 세계 문학사적·지성사적 위상 속에서 어떤 자리에 위치하고, 무엇이 결핍되고 어떤 가능성이 탐색되어야 하는가를 생각하지 않고는 어떤 문학과 비평도 자신의 내외적 정당성을 객관화하기 어렵다.

4장   생명주의

김우창 비평의 하나의 그러면서 궁극적인 특징은 삶에 대한 관심이고, 모든 살아 있는 것에 대한 존중이라고 할 수 있다. 이러한 관심이 특정한 개념으로 제시되진 않지만, 글의 곳곳에 어떤 숨은 원리로 자리하는 것처럼 보인다. 그것은, 다루어지는 소재나 주제의 종류가 무엇이든 간에, 크게 보아 '생명주의적으로' 이해될 수 있다고 나는 생각한다. 이런 생명주의적 관점은 서정주나 김수영 혹은 정현종 같은 시인에 대한 평에서도 나타나고, 문학의 형식과 같은 이론적 논의에서도 나타난다. 나는 이 점을 '생명충동' 혹은 '범욕주의汎欲主義' 혹은 '생명주의'라는 주제어 아래 정리해보고자 한다.

그런데 먼저 다루어져야 할 물음은 '생명주의가 무엇인가'가 아

니라, '왜 김우창은 생명주의에 다다르게 되었는가'가 될 것이다. 이
것은 지금 여기 개인의 실존적 조건에 대한 생각으로부터 나온다.
따라서 삶의 인간적 조건을 우선 검토하고, 왜 이 조건에 대한 긍정
이 필요한 것인지, 그리고 이런 긍정에서 존재하는 것들 사이의 유
추 관계가 왜 중요한지 살펴보고자 한다.

불가항력적 조건과 긍정

인간의 실존을 이루는 조건에도 물론 여러 요소들이 있다. 삶과 죽
음, 유한한 생명, 이 생명 속의 선택과 책임, 이 책임에 대한 압박과
그로 인한 불안감, 물질적 제약, 소멸에의 공포, 자유에의 열망 등등.
그러나 그중에서 가장 근원적인 것은 '결국에는 죽어야 한다'는, '죽
지 않으면 안 된다'는, 혹은 '죽을 수밖에 없다'는 삶의 사실적 엄정
성이 될 것이다. 즉 유한성의 조건이 인간 실존의 핵심적 요소다.

　모든 생명은 죽을 수밖에 없다는 것, 모든 인간의 삶은 죽음을
앞두고 있다는 사실만큼 명명백백하고 냉혹하며 엄중한 삶의 사실
이 인간에게 달리 있는가? 죽음이 우리 눈앞에서 우리를 기다리고
있다는 사실만큼 인간 삶을 절대적으로 규정하는 조건은 없다. 그것
이 '절대적인' 것은, 어떻게 달리 할 도리가 없다는 것, 그래서 죽음
의 내습은 불가피하고 불가항력적이라는 점에 있다. 그러나 죽음은,
아무도 그것을 살아생전에 경험할 수 없다는 점에서, 완전한 타자이
기도 하다. 그래서 그것은 전적으로 낯선 것, 알 수 없는 것으로 남아

있다. 따라서 죽음은 삶의 한계조건이며 그 경험은 전달될 수 없다. 마치 삶이 끝나고 난 뒤 죽음이 찾아오듯이, 삶이 시작되기 전에도 죽음/무는 있었다. 그리고 죽음의 있음은 영원하다. 영원한 것은 삶과 생명이 아니라 무이자 침묵이다. 덧없는 것이야말로 진실된 것이다. 삶/생애/살아 있음이 찰나에 불과한 것이라면, 죽음은 삶의 앞과 뒤에서 영원하게 이어지는 것이다.

놀라운 것은 이 영원한 죽음과 영원한 죽음 사이에 삶이 마치 명멸하듯 '잠시 끼어 있다'는 사실인지도 모른다. 그것은 그 자체로 엄청난 사건이고 기적이며 경이가 아닐 수 없다. 바로 이 점이 죽음의 절대적 한계조건 앞에서 삶의 현재적 순간을 경탄 속에 바라보게 하는, 아니 바라보지 않을 수 없는 요인이 되게 한다. 정현종의 시를 해석해나가는 김우창의 「사물의 꿈」은 이런 시각에서 시작된다.

죽음이 삶의 의미를 제약하는 한계조건이라면, 의미는 죽음을 탐구함으로써 만들어질 것이다. 그래서 죽음이 삶에 대해 갖는 의미, 삶과 죽음의 길항관계에 대한 탐색은 가장 중대한 시적 주제의 하나가 된다. 이런 탐색으로부터 생명의 우발성과, 이 우발성에도 행해지는 실존적 기획, 이 기획의 기쁨과 좌절, 자발성의 의미, 반복의 지루함과 도취, 이 도취라는 환각幻覺의 헛된 위안, 영속적 생명에의 열망과 의지 등이 생겨난다. 그러나 그 어떤 것이든, 이 모든 것의 바탕에는 분명 도저한 허무감과 비관주의가 자리 잡고 있다. 온갖 기획과 열망에도 불구하고 우리는 죽게 되어 있고, 또 죽어갈 것이기 때문이다. 그러나 죽음의 조건이 불가항력적 조건이라면, 이 절대적 조건 앞에서 일하고 웃고 울고 쉬고 취하며 살아가는 삶의 순간 역시 놀라운 것이다. 따라서 이것은 긍정되지 않을 수 없다. 그 래서 김우창은 이렇게 쓴다.

다시 생각해보면, 도취 없는 평범한 순간도 죽음의 허무에 비하면 한없이 기적적인 것이라 해야 하지 않을까? 우리의 삶의 자발성을 정말로 경이로서 대한다면, 생의 모든 순간은 긍정되지 않을 수 없 다. (289쪽)

여기에서 김우창은 정현종의 시가 도취를 향한 움직임으로부터 도 취 없는 것을 향한 움직임으로 '이해의 전진'이 일어난다고 평가하 지만, 도취 있는 것이건 도취 없는 것이건, 이 모두는, 다시 확인하건 대, 삶의 살아 있는 놀라운 조건 안에서 일어나는 일이다. 심지어 불 평하거나 불만족스러워하는 것도 그렇다. "그리고 어쩌면 삶이 불 만족스러운 것은 우리가 그만치 삶의 가능성을 잠재적인 형태로라 도 가지고 있음으로서다"(290). 불만족이나 불평 혹은 도취보다 더 근본적인 것은 삶이고 생명이다. 가장 지루하고 일상적이며 평범한 시간도 매 순간 이어지는 생명적 테두리 안에서 일어나는 놀라운 사 건이다. 참으로 절대적인 것은 생명의 순간이고 이 순간의 기적적인 지속이지 그 외의 무엇이 결코 아니다.

우리가 무엇인가를 바라거나 기획하기 전에 그저 살아 있다는 것만으로도 그것은 어떤 의욕―살아감과 살아 있음 그리고 살아 있

사무사 思無邪

어야 함에 대한 표현이다. 그리고 이 표현은 외적으로 부과되거나 강제된 것이 아니라 자기 자신으로부터, 그것이 의식적이건 무의식적이건, 안으로부터 우러나오는 것이다. 이 자발적 의욕 속에서 인간은 자기 삶의 근거를 스스로 만들어내려고 한다. 그러면서 어떤 기쁨이나 슬픔, 도취나 명징 혹은 만족과 불만족의 상태를 넘어 삶을 좀 더 온전한 형태로 느끼고 만들며 꾸려나가려 한다. 여기에서 의미는 이렇게 살아가는 일 그 자체로부터 온다. 그것은 삶 속에서, 매일 매일 살아가는 가운데 만들어지고 시도되며 꿈꾸고 열망하는 생존적 사실이다.

삶과 생활 이외에는 어떤 초월적 근거도 없다. 생존과 생애의 사실 이외에는 그 어떤 선험적 원리도 인정되기 어렵다. 오직 지금 여기에서 현실을 자기가 주체적으로 만들어가는 자발적 기쁨 속에서 삶은 마침내 긍정되는 것이다. 이것이 삶의 경이이고, 살아감의 경이이다. 그리하여 살아 있음은 그 자체로 어떠한 움직임, 어떤 지향, 어떤 나아감 그리고 어떤 형성과 갱신의 증표이고, 그래서 그것은 하나의 기적 같은 놀라움의 표현이 되는 것이다.

이런 생각을 더 진척시키면, 외부의 사건이나 사물은 주체의 내면이 의욕하거나 갈망한 결과로 생겨난 것이 된다. 여기에 대하여 김우창은 "욕망의 존재론"이라는 이름을 붙인다(292쪽). 나의 밖에 존재하는 것들은, 그것이 사물이든 사건이든, 내가 바라고 욕망하고 희구하지 않은 것이 없기 때문이다. 그러니까 사물은 그 자체로 존재하는 것이 아니라, 인간과 관련하여, 그의 욕망과 의지와 갈구로

인하여 생겨나고 사라진다. 바로 이 점에서 인간의 개입 없이 자리하는 자연과학적 객관성과 인간의 주체적 개입을 통해 자리하는 시적 객관성 사이의 차이가 있다고 김우창은 진단한다. "시인은 이렇게 사물로 하여금 사물이게 하고, 또 동시에 인간의 의지와 감정으로 하여금 그것 스스로이게 한다. 이것은 결국 인간의 정의情意와 사물은 하나이기 때문이다"(295쪽).

시적·문학적 개입은, 자연과학적 객관성과는 다르게, 인간의 주관적 의지를 통과한다. 그리고 이런 통과에도 불구하고 그것은, 일정한 형식으로 표현되는 한, 주관주의적인 것이 아니라 객관적인 것이다. 문학은 그 자체로 주체적인 것과 객관적인 것, 정서적인 것과 이성적인 것의 어떤 양식적樣式的 결합인 것이다.

유추 관계

이러한 욕망의 존재론은, 다음의 구절에서 보듯이, 모든 존재하는 것들 사이의 "유추類推 혹은 상사相似의 관계"라는 관점에서 더 자세히 언급된다. 그것은 깊은 철학적 사변을 담고 있지만, 그 내용은 추상적인 것이 아니라 군더더기 하나 없는 언어 속에서 체계적으로 전개되고 있다. 그러니까 그것은 난해할 수는 있지만, 난삽難澁한 것은 아니다.

개체는 그의 투기投企의 지속을 통하여 개체로서의 깊이를 얻는

다. 이 깊이는 다른 역사적 궤적 속에 있는 사람에게는 유추적_{類推}
_的으로 접근될 수 있을 뿐이다.

다시 말하여 이해의 유추성은 인간과 인간 사이에 존재하는
불가피한 간격에서 온다. 그러나 역설적인 것은 이 유추적 간격이
궁극적으로는 보다 깊은 동질성에 기초해 있다는 것이다. 인간의
동질성이 어디까지나 주체적이라는 것을 우리는 다시 기억하여야
한다. 주체적이란 것은 바로 인간이 창조적으로 사는 존재라는 의
미이고, 각자의 창조성은 서로의 편차를 무릅쓰지 않을 수 없다.
이것은 모든 유기체 간에 성립하는 관계이다. 가령 하나의 동물과
다른 또 하나의 동물, 하나의 꽃과 다른 또 하나의 꽃, 또는 하나의
동물과 하나의 꽃 사이의 관계는 유추 내지 상사_{相似}의 관계이다.
시인들의 눈으로 볼 때는 우주만상이 하나의 비유적인 상사관계
속에 있다. (「주체의 형식으로서의 문학」, 354쪽)

이 글에서 내가 확인하는 것은 무엇보다 사고의 독자성이고, 이런
독자적 사고를 엮어내는 언어의 자연스러움이다. 이 자연스런 언어
속에서 간단치 않은 철학적 사변의 실타래도 명료하게 결정화_{結晶}
_化되어 하나의 의미론적 건축물로 축조된다. 그리하여 이 글은 복잡
하지만, 곱씹어 생각해보면 고도로 '명징하게' 여겨진다. 그것은 철
학적 논술에 흔히 있는 추상성을 김우창이, 논리의 난해한 절차에도
불구하고, 난삽함으로 추락시키는 대신 자기 논리 아래 그 나름으로
용해시키는 데서 온다. 단계적으로 살펴보자. 그러면 이 글의 논리

적 절차와 체계성이 잘 드러난다.

첫째, 인간이란 의지하고 계획하고 기획하며 실행하는 존재라는 것이다. 이것을 그는 실존주의적 용어인 '투기投企'라는 말로, 이 "투기의 지속"이라는 말로 표현한다. 주체는 지속적 자기 던짐을 통해 "깊이"를 얻는다. "개체는 그의 투기投企의 지속을 통하여 개체로서의 깊이를 얻는다."

둘째, 그러나 깊이는 온전히 이해되기 어렵다. 사람은 각자 그 나름의 생활 조건과 역사 속에서 살아가기 때문이다. 그래서 그것은 오직 근사적近似的으로 다가갈 수 있다. 이것을 그는 다음과 같이 표현한다. "이 깊이는 다른 역사적 궤적 속에 있는 사람에게는 유추적類推的으로 접근될 수 있을 뿐이다." 이것은 한마디로 "이해의 유추성"이고, 이 유추성은 "인간과 인간 사이에 존재하는 불가피한 간격에서 온다."

셋째, 흥미로운 사실은 이 간극이 그저 뛰어넘지 못할 간극으로 남는 것이 아니라 때로는 공유될 수도 있다는 점이다. 왜냐하면 "이 유추적 간격이 궁극적으로는 보다 깊은 동질성에 기초해 있"기 때문이다. 그러니까 인간은 그 나름의 조건과 성향 속에서 각자의 상이한 방식으로 삶을 살아가고, 이 상이한 차이가 관계의 근본적 간극을 야기하지만, 이 간극은 역설적으로 인간의 이해를 일정한 유추성 속에 자리하게 한다. 인간 삶의 이질성은 어떤 깊은 의미에서 동질성 위에 서 있다. 이 동질성의 근거는 인간이 "주체적"이라는 사실에 있다. 바로 이 점이 중요하다. 인간은 스스로 주체적이고 자발적인 삶을 살고자 한다는 점에서 근원적으로 같다. 각자의 창조성은 바로 이 주체성에서 오고, 이 창조성 속에서 "서로의 편차"를 넘어설 수 있는 것이다.

넷째, 그리하여 우리는 이렇게 결론적으로 말할 수 있다. 모든 유기체의 관계는, 마치 이해의 유추성처럼, 서로 비슷하다. "가령 하나의 동물과 다른 또 하나의 동물, 하나의 꽃과 다른 또 하나의 꽃, 또는 하나의 동물과 하나의 꽃 사이의 관계는 유추 내지 상사의 관계이다. 시인들의 눈으로 볼 때는 우주만상이 하나의 비유적인 상사 관계 속에 있다."

그러므로 존재하는 모든 것은 일정한 관계 아래 있다. 이 관계란 다르고도 같은 것이고, 같고도 다른 것이다. 이 모든 요소에는, 적어도 그것이 인간이 관계하는 것이라면, 꿈과 물성物性, 언어와 이념, 행동과 의식 그리고 지향, 형태와 속성, 감정과 사유와 스타일, 실존과 역사 등이 배어 있다. 여기에서 '관계 아래 있다'는 것은 일정하게 이어진다는 것이고, 이 이어짐은 각각의 요소가 배타적인 것이 아니라 상통하는 것이며, 따라서 이질적인 것 이상으로 동질적인 것이라는 점을 알려준다. 사물은 제각각의 본성 속에서 자리하지만, 이런 차이에도 불구하고 사물이 공존하는 것은 이미 그들 사이에 내재하는 보이는/보이지 않는 친화력 때문이다. 혹은 서로가 서로를 비춰주는 관계 때문이다. "(……) 사물은 서로 서로를 비추며 하나로 있다"(296쪽).

존재하는 모든 것은 마치 거울처럼 상대를 비추며 함께 그리고 따로 자리한다. 그렇다는 것은 존재하는 사물 사이에 일정한 평행 관계가 성립한다는 뜻이다. 시인의 꿈이 언어 속에서 사물의 꿈과 만난다고 한다면, 시인과 언어와 사물 사이에는 꿈으로 통하는 것이 있다는 뜻이다. 그리하여 시적 형식에서 주체와 객체는 서로 만나고, 사람의 꿈과 사물의 꿈은 하나가 되는 것이다.

김우창은 이 점에서 정현종식 욕망의 존재론과 인식론이 '사랑의 정치학'으로 이어진다고 진단하지만, 이것은 이 시인의 언어와 인식에만 해당되는 것이 아니다. 그것은 시적 언어와 인식 일반의 문제이기도 하고, 나아가면 인간 일반의 본질적 성격이다. 즉 그것은 주체 일반의 성격이고, 이 주체의 자기 구성의 문제, 자기 구성을 통한 세계의 변형 가능성의 문제로 확대된다. 그리하여 사물의 모습과 인간의 꿈 사이의 유추 관계와, 이 유추를 통한 삶의 창조적 긍정, 그리고 이 창조적 변형에서 이뤄지는 사랑은 우리 모두의 한 지향점이 될 만하다. 주체적 삶과, 이런 삶의 한 전형으로서의 시인의 꿈과 진실은 사랑의 세계 질서를 형성하는 데로 수렴된다. 그러므로 시의 꿈은 곧 언어의 꿈이고, 사물의 꿈이며 인간의 꿈인 것이다. 시인의 꿈속에 모든 것이 있고, 인간이 의욕하고 갈망한 것 속에 실재하는 것의 진실이 있는 것이다.

그러니 궁극적으로 긍정되어야 할 것은 삶의, 살아 있음의, 이 살아감의 자발성이다. 죽음과 무와 부재의 존재도 마땅히 지금 여기 현재적 삶의 긍정을 위해 복무해야 한다. 이것을 김우창은 「예술가의 양심과 자유」라는 글에서 모든 관계의 비유성이라는 어휘로, 이 비유적·유사적 충동을 인간의 자유와 자유를 향한 충동 그리고 충동의 창조적 진화 과정으로서의 역사의 움직임이라는 더 포괄적인 관점에서 파악하면서 설명한다.

모든 주체적인 관계는 비유적이다. 나는 주체적인 자유 속에 있으면서 이 자유를 내 이웃이 가지고 있음도 알고 있다. 우리는 결국 같은 창조적인 진화 가운데 있어서 서로의 유사성을 인정하는 것이다. 역사의 움직임도 이런 데가 있다고 할 수 있다. 역사가 하나의 창조적인 모체가 되어 발전하는 것이라면, 그것은 사회 안의 서로 다른 인간, 다른 사건과 현상 사이에 비슷한 충동에 의한 움직임들을 만들어낼 것이다. 여기서 비슷한 것은 반드시 내용이라기보다는 내용을 나타나게 하는 창조적 충동의 형식이다. 시와 정치 사이의 끊임없는 비유, 일치의 관계를 설정하고자 했던 김수영의 노력은 이렇게 볼 때, 반드시 하나의 시적 환상幻想에 불과했던 것이라고 할 수 없다. 참으로 시인의 큰 통찰력의 하나는 역사와 자연 속의 발전적 충동과 개개인 내부에 움직이는 충동을 하나의 움직임으로서 꿰뚫어보는 데에서 나타난다. 그러나 시인의 또 다른 통찰의 하나는 이러한 일치의 가능성은 현실에 있어서 끊임없이 좌절에 부딪친다는 것이다. (270쪽)

이 인용문에서 김우창이 말하는 것은 네 가지로 정리될 수 있을 것이다.

첫째, 모든 주체적인 관계는 비유적이다.

둘째, 이 비유적·유사적 성격은 주체적인 관계에 타당할 뿐만 아니라 "역사의 움직임"에도 타당하다.

셋째, 역사 자체도 일정한 움직임을 갖는 것이라면, 역사를 이루는 여러 사건과 현상 안에는 일정한 운동을 만들어내는 충동이 있고, 이런 충동은 창조적 형식을 갖는다.

넷째, 그리하여 결론은, 역사와 자연의 충동과 개개인 내부의 충동 사이에는 일정한 평형 관계가 존재한다. 즉 인간과 자연과 역사는 창조적 움직임 속에서 서로 만난다. 그러나 이 평형 관계는 쉽게 도달될 수 있는 것이 아니다. 이런 충동의 개입을 현실은 쉽게 허락하지 않기 때문이다. 그리하여 충동의 에너지는, 이 에너지가 인간의 것이건 자연과 역사의 것이건, 자주 좌초한다. 자연과 역사와 인간의 움직임은 창조성이라는 이상적인 경우에 예외적으로 일치하는 것이다. 사물 사이의 유추적 동질성은 제한된 동질성이다.

대상과 대상, 현상과 실재 사이에 일정한 유추적·비유적 관계가 있다는 사실, 그래서 인간의 이해나 인식도 이런 관계의 근본적 상사相似 관계 위에 자리한다는 점은 이미 언급했던 「주체의 형식으로서의 문학」이라는 글의 주된 논지이기도 했다. 이런 시각에서 보면, 존재하는 사물은 인간의 의지와 욕망의 소산에 다름 아니다. 그러니까 사물의 존재와 부재 사이에 의지와 욕망이 자리하고, 이 욕망이 존재와 부재를 매개하는 것이다.

그리하여 사물의 존재는 자연스레 그 부재와 만나고, 그것의 떠

남은 돌아옴과 이어진다. 존재하는 것들 사이에는 이 유추적 친화성이 자리하는 것이다. 이것은 한편으로는 예술가의 표현적 노력을 가능하게 하고—왜냐하면 이 노력은 세계에 대한 포괄적이면서 동시에 화해적인 인식을 가능하게 하기 때문에—, 다른 한편으로 그만큼의 좌절도 야기한다—왜냐하면 주체의 그 어떤 시도도 객체의 실재 그 자체와 일치할 수 없기 때문에. 시인의 시작詩作 그리고 그 양심은 이 일치와 균열 사이를 즐겁고도 고통스럽게 왕래한다. 이렇게 왕래하며 그는 사람 사는 삶의 공간이 사랑과 평화의 보다 인간적인 공간이 되도록 노력한다.

이런 점에서 보면, 비유 관계란 반드시 가냘프고 허망한 것만은 아니다. 모든 개체는 개별적 독자성 속에서 그 각각으로 존재하고, 따라서 다른 하나에 대한 어떤 하나의 이해란 일정하게 제약적일 수밖에 없다. 적극적으로 말하면, 개체와 개체 사이의 간극, 이해와 관점에서의 편차는 필연적인 것이다. 그렇다고 한다면, 비유의 관계 역시 운명적이고 인위적이며 제한적이라고 해야 할 것이다. 어쩌면 유추/상사/비유 관계 역시 하나의 인간학적 허구라고 해야 할지도 모른다.

인간과 사물 사이에, 나와 너와 꽃과 책과 벽 사이에 그 어떤 일치가 있는가? 대상은 그 어디에서도 실재적real이고도 실체적substantial으로 파악될 수 없다. 그리하여 타자 이해는 타자 자신의 진실에 대하여 오직 근사치의 형태로만 접근될 수 있다. 이것을 김우창은 '이해의 유추성'이라고 불렀다. 완전한 이해, 완전한 인식, 완전한 해석은 오직 가능성 속에서, 그래서 접근법적으로 이뤄진다. 그렇다고 한다면, 그의 말대로 "비유 관계야말로 참으로 강력한 관계"가 된다(269쪽). 더 나아가, 이해와 인식에서 가능한 것은 오직 하나 접근적·비유적 접근뿐이다.

우리는 각자의 주체성이 허용하는 고유한 관점 속에서 다른 주체와 교류할 수 있고, 이런 관점적 교차를 통해 자기 관점의 교정과 갱신, 확장과 심화를 꾀할 수 있다. 이렇게 시도할 수 있는 것은, 이미 언급했듯이, 나의 주체와 타인의 주체 사이에 자리하는 상사적·비유적 관계의 근본적 동질성에서 온다. 그리하여 주체는 자기 속에서 자기를 넘어서서 초월적으로 구성될 수 있는 잠재력을 가진다. 중요한 것은 바로 이 미지의 잠재력이다. 주체는 초월적 자기 구성의 무한한 가능성 속에서 세계의 전체성에 참여한다.

이렇듯이 김우창의 글은 절차적으로 진행되고, 이런 단계적 진행 속에서 그것은 자신의 논리와 체계를 더해간다. 체계화된 논리, 그것은 깊이에 다름 아니다. 사고는 논리의 이 같은 깊이에서 축조된다. 그리고 이 깊이는 명료한 언어에 실려 전달된다. 그의 글은 논리의 깊이와 사고의 창의성 때문에 간단하지는 않지만, 그렇다고 난삽하거나 장황하지도 않다. 오히려 있을 수 있는 수사를 최대한 배제하기 때문에 그것은 일체의 잉여성을 벗어나 어떤 정갈한 사유의 축조물처럼 보이는 것이다. 이것은, 거듭 지적하거니와, 감정의 정확성을 위한 사실과의 쉼 없는 싸움에서 온다. 모든 유기체의 관계가 유추 혹은 상사의 관계라는 테제는 이런 감각적·사유적 기율의 통찰적 내용에 다름 아니다.

결국 모든 것은 삶의 인간적 가능성을 지향한다. 주체든 인간이든 사회든 역사든, 모든 것은 이미 있는 것으로부터 아직 있지 않은 것, 그러나 있을 수 있고 있어야만 하는 가능성의 창조적 실현 가능성을 향해 가는 것이다. 이런 나아감, 나아감의 움직임, 이 움직임 속의 부단한 자기 갱신과 변화와 성장이 아니라면, 글은, 또 학문은 어디다 쓸 것인가?

여기에는 물론 진리에의 추구나 사랑이나 평화에의 염원과 같은 희망적인 요소도 있지만, 권력의지와 같은 이데올로기적·억압적 요소도 자리한다. 그러나 그 어떤 것이건, 그 밑에는, 생명주의적 관점에서 보면, 욕망과 충동 그리고 의지가 있다. 어떻게 불려지든, 그것이 일정한 방향으로의 갱신적 움직임이라는 사실에는 틀림없다.

우리에게 남겨진 숙제는, 이 충동적 움직임을 보다 순화되고 비폭력적이고 삶에 유용한 에너지로 만드는 것임에 틀림없다. 시의 창작과 예술의 경험, 비평과 인문학의 지향도 이와 결코 무관할 수 없다.

"범욕주의汎欲主義"

주체와 주체의 불가피한 간극으로 인해 이해는 유추적일 수밖에 없다는 것, 그래서 주체의 모든 상호관계는 비유적이고 상사적이라는 것, 그리고 이 상사적 관계에서 인간은 그리워하고 욕망하고 추구하며, 이 욕망에 따라 사물도 사건도, 이해도 인식도 나타나는 것이기에, 결국 자연도 인간 욕망의 소산으로 자리한다는 점을 나는 앞에서 김수영이나 정현종의 시 세계에 대한 김우창의 평문을 통해 알아보았다.

이러한 생각들은 건조한 문체 속에 정연하게 논의된 것이지만, 그것이 충동과 욕망의 내적 역학에 관한 것이니만큼 그것으로 충분할 수는 없다. 그래서 더 상세하고 선명하게 윤곽 지어졌으면 하는 아쉬움을 남긴다. 이런 아쉬움을 서정주론인 「구부러짐의 형이상학」은 상당 부분 해소해주는 듯하다. 이 시인의 언어는 시적 충동과 그 그리움을 가장 사소하고 일상적인 것들로부터 구현하기 때문이다.

> 미당 선생의 언어처럼 시적인 언어도 드문 것이지만, 그는 시적 언어를 찾아서 별스러운 시적인 세계로 비약해 가지 않는다. 그의 손에서 우리 일상생활의 무엇이든지 그대로 시가 되어버린다. 매체를 손끝에 익히고 익혀 완전히 자신의 일부로 만들어버린 장인의 솜씨를 우리는 여기서 본다고 할 수 있는데, 물론 이것은 그의 우리 현실에 대한 깊은 관심에도 연결되어 있는 일이다. 하여튼 가장 비근한 것의 시화詩化, 사는 대로의 삶의 시화는 미당 선생의 시의 특징을 이루었다. (222쪽)

미당의 세계에서 시적인 것과 일상적인 것은 따로 놀지 않는다. 그것은 함께 어울리고, 따라서 구분되기 어렵다. 그를 둘러싼 모든 것들이, 그것이 일상적이든 자연적이든(산이나 구름이나 물), 혹은 세간이든(요강이나 간장), 나무나 꽃의 이름이든(매화나 박꽃), 상하귀천 없이 시의 동등한 소재가 되는 것이다.

예를 들어 시인은 산에 구름이 걸려 있는 데서 한 쌍의 남녀가 뺨을 비빈다고 여기고, 산에서 들려오는 소리에서 신부의 노랫소리를 듣는다고 말한다. 더욱이 이것은 지극히 일상적인 언어로 마치 즉석에서 그냥 읊조리듯 진술된다. 이것은, 김우창의 적확한 평대로, "매체를 손끝에 익히고 익혀 완전히 자신의 일부로 만들어버린 장인의 솜씨"임에 틀림없다.

자기가 보고 느끼고 경험하고 아는 것이 언어가 될 때, 이 언어는 다른 어떤 것을 추구할 필요가 없다. 오직 자기 안에서 자기 자신을 드러내면 된다. 시란 이렇게 드러난 것에 부여된 형식이다. 이렇게 보면, 어느 것 하나 시가 아닌 것이 없고, 그 모든 일도 시를 통해 관찰되고 이해되고 걸러지고 소화된다. 여기에서 시는 삶이 되고 현실의 전체가 된다. 시를 통해 현실이 존재하고, 시 속에서 삶은 완성되는 것이다. 이것이 바로 김우창이 표현한바—"가장 비근한 것의 시화詩化, 사는 대로의 삶의 시화"다. 삶은 더 이상 시와 분리되지 않는다. 시 혹은 시적인 것이 어딘가 특별하게 따로 존재하는 것이 아니라 나날이 사는 생활의 한가운데 생활의 일부로 자리하는 것이다. 이즈음 우리는 이렇게 말할 수 있다. 삶은 시라고 할 것도 없고, 시가 아니라고 할 것도 없다. 모든 것이 시이면서 곧 삶이기 때문이다. 바로 이것이 시의 궁극적 지향점이다. 시의 궁극적 목표는 시처럼 사는 것이다.

이런 대목에 오면, '시란 무엇인가?' 혹은 '시를 쓰게 하는 것은 무엇인가'라는 질문은 '어떻게 살 것인가?' 혹은 '시적인 삶이란 무엇인가?'라는 질문과 다를 수 없다. 다시 묻자. 시를 쓰게 하는 것은 무엇인가? 여기에 대하여 김우창은 "범욕주의汎欲主義"라는 말을 꺼낸다(229쪽). 즉 자연을 움직이는 것은 인간을 움직이게 하는 것과 같은 힘이자 충동이고, 동일한 욕망이자 원리라는 것이다. 그는 이렇게 쓴다.

> 자연의 과정도, 인간 생존의 경우와 마찬가지로, 풀릴 길 없는 그리움의 과정이다. 자연이 그리움의 과정이나 욕망이라고 하는 것은 그것이 무엇인가 부족한 상태에 있다는 것을 뜻하고, 또 이 부족을 메꾸려는 몸부림으로서의 자연의 과정은 괴로움의 과정이라는 것을 뜻한다. 이렇게 자연을 단순히 평화와 위로의 출처로 생각하지 않고 욕망의 과정으로 본다는 점에서 미당 선생의 자연관은 동양의 고급문화의 자연관과 다르고, 그만치 한국의 토속적인 자연 이해에 가까운 것이다. 그러나 미당 선생의 자연은 다른 면에서 인간에게 위로의 근원이 된다고 할 수는 있다. 미당 선생의 자연은 인간의 혼돈에 대하여 멀리 있는 평화의 이미지로 생각될 경우보다 오히려 인간 자신의 충동과 함께 있음으로써, 인간의 괴로움과 기쁨에 유구함의 테두리를 정해준다고 할 수 있는 것이다. 어떻게 보면, 자연 자체가 반드시 쉽게 실현되는 것이 아닌 욕망이라고 할

사무사 思無邪

때, 인간은 그 자신의 실현되지 아니한 욕망의 불행한 운명을 쉽게 받아들일 수 있다.

사실 인간과 자연의 일치는 이루어지는 욕망보다 이루어지지 않은 욕망을 통해서이다. (233~34쪽)

인간의 삶 자체가 자연적 생명력의 표현이라면, 그리고 이 삶으로 인해 역사가 추동되는 것이라면, 그것은 인간의 삶과 자연과 그 생명 그리고 역사 사이에는 일정한 연속성이 자리한다는 뜻이다. 이 연속성이란, 앞에서 언급한 말을 다시 쓰면, 어떤 유사성 혹은 비유 관계에 다름 아니다. 인간과 자연, 생명과 욕망, 자연과 역사 사이에는 일정한 유추적 상호조응의 관계가 있는 것이다.

그러므로 자연의 일정한 리듬과 움직임은 인간 자체의 움직임이라고 할 수도 있다. 혹은 적어도 그것이 인간의 움직임과 무관한 것은 아니다. 자연의 리듬과 움직임은 오히려 인간 생명의 리듬과 움직임을 표현한다. 인간과 역사와 자연이 모두 동일한 생명력 혹은 충동 혹은 욕망의 테두리 안에 있는 것이다. 이것을 김우창은 이렇게 표현한다. "자연의 과정도, 인간 생존의 경우와 마찬가지로, 풀릴 길 없는 그리움의 과정이다." 결국 인간과 자연은 의식적·무의식적 그리움의 움직임 속에서 하나로 만나는 것이다.

그러나 자연의 과정이 그리움의 과정이라는 김우창의 테제는, 엄격하게 말하자면, 옳은 것이라고 보기 어렵다. 자연의 무기물에 그리움의 감정이 담길 수는 없기 때문이다. 적어도 인간적 의미의 감정은 거기에 없다고 볼 수 있다. 그러나 이 테제를 시적 인식의 틀에서 보면, 반드시 수긍하지 못할 바도 아니다. 욕망하는 대로 세상이 있는 것이라면, 그리고 이 욕망이란 그리움이자 진실의 표현이라면, 세상에 존재하는 모든 것이 이 그리움의 증거가 된다. 그러니 이렇게 욕망하고 그리워하는 대로 사는 것은 하나의 이상理想이 될 만한 것이다. 그래서 그것은 범욕주의의 목표가 된다. 이것을 시인에게 적용하면, 어떻게 될까? 그는 그리워하는 대로 시를 쓰고, 이렇게 시를 쓰는 대로 살아갈 것이다. 그러니 그는 굳이 시를 쓰려고 발버둥치지 않을 것이고, 그저 살아가는 현재적 삶에서, 그것이 비루하고 누추한 대로, 그리워할 것들을 찾으며, 이 그리움을 찾는 과정 자체가 하나의 시가 될 것이다. 이것은 김수영론에서 시와 정치가 생명충동의 동일한 표현이라는 것, 둘 다 똑같이 생존의 완전한 실현을 향한 움직임이자 에너지라는 언급에서도 엿보이는 것이었다(268쪽).

그리하여 시와 정치, 예술과 사회는 따로 노는 것이 아니라 하나의 근원적 동일성 아래 같이 움직인다. 어느 하나가 다른 하나에 얽매이거나 종속되는 것이 아니라, 하나의 움직임 속에 다른 하나가 겹쳐 있고 포개어져 있는 것이다.

이런 맥락에서 보면, 시는 굳이 정치적일 필요가 없다고도 할 수 있다. 왜냐하면 시적인 것은 그 자체로 정치적인 것이기 때문이다. 마찬가지로 시는 굳이 도덕적일 필요도 없다. 시는 그 자체의 충일성—삶의 실천적 체화 속에서 이미 윤리적으로 되어 있기 때문이다. 이것은 마치 농부가 '농부적일' 필요가 없고, 노동자가 '노동자적일'

필요가 없는 것과 같다. 그는 나날의 노동 속에서 자신의 노동자임을 증명하는 것이다. 그렇다는 것은, 주체가 자기 자신의 현실에 행동적으로 충실한 것이 곧 타자의 현실에 충실한 것이 된다는 뜻이다. 마찬가지로 가장 개인적인 것은 가장 사회적인 것이 될 수 있다(이것은 가장 서정적이고 문학적인 것이 가장 현실적이고 참여적인 것이 될 수 있다는 아도르노의 예술철학적 논리와도 통한다). 시의 활동이란 이 둘 사이를 매개하는 데 있다. 왜냐하면 개인과 사회, 서정과 현실의 매개로부터 의식의 전면적 갱신이 일어나기 때문이다.

범욕주의적 관점에서 보면, 곳곳에 그리움이 있고 곳곳에 욕망과 충동이 있다. 산수유가 피고 뻐꾹새가 울고 홍시가 떨어지고 고래가 새끼를 낳고 남녀가 성애를 나누는 것도 이런 욕망과 충동과 그리움의 몸짓이다. 이 그리움 속에서 인간과 자연과 역사는 서로 만난다. 많은 것은, 그것이 왕조이든 인간의 생애든, 혹은 그 의식주든, 몰락해가지만, 이 욕정만은 끈질기게 남아 있다. 그리움의 충동은 보이는/보이지 않는 끈을 만들면서 모든 존재하는 것들을 하나의 고리 속에 잇는 것이다.

여기에서 자연은 단순한 찬미의 대상이 아니다. 그것 역시 변하는 것 중의 하나이고, 소멸하고 쇠락하는 것이며, 그 때문에 고통과 좌절을 야기하는 것이기도 하다. 이런 자연 이해는 자연에 대한 전통적 이해와는 다르다. 이 점을 김우창은 적시摘示한다. "자연을 단순히 평화와 위로의 출처로 생각하지 않고 욕망의 과정으로 본다는 점에서 미당 선생의 자연관은 동양의 고급문화의 자연관과 다르고,

그만치 한국의 토속적인 자연 이해에 가까운 것이다." 그러나 원초적이고 토속적인 이해에서도 변함없는 사실은 인간이 유한하다는 점이고, 이 유한함 가운데 자연과 이어진다는 점이다. "미당 선생에게 가장 중요한 것은 인간이 자연의 일부를 이루고 있으며, 이 자연은 (그 법칙성을 통해서가 아니라 심정적心情的인 유대를 통해서) 인간의 삶과 동질적인 것이라는 사실이다"(227쪽).

이런 점에서 보면, 서정주의 자연 이해에는 연대성solidarity의 개념이 없다고 말하기 어렵다. 그것은 단순히 누락되어 있다기보다는 '사회과학적으로' 채색되어 있지 않을 뿐이다. 차라리 그것은 평등이나 정의 등의 정치학적·사회학적 개념을 넘어서는 자연사적·우주적 차원을 갖고 있다고 말할 수 있다. 즉 인간은 유한한 존재로서 그리움과 욕망의 몸짓 속에 자연과 결부되어 있다는 훨씬 폭넓은 연대 개념이 자리하는 것이다. 이것은 이 시인이 해방의 의미를 정치적 차원을 넘어 역사를 그 일부로 하는 포괄적 개념으로 받아들이는 것과 상통하는 것처럼 보인다(233쪽). 이런 폭넓은 연대/유대 개념으로 하여 "인간은 그 자신의 실현되지 아니한 욕망의 불행한 운명을 쉽게 받아들일 수 있다." 욕망과 그리움의 불충족은 그저 인간의 사건임에 그치는 것이 아니라 오히려 자연의 항구적 현상이고 역사의 불가피한 현실이기 때문이다.

그리하여 삶의 슬픔은 다스려지는 것이면서 다스려질 수 없는 운명적인 것이다. 그러면서도 이 어쩔 수 없는 슬픔은 인간이 살아가면서 변형시켜가는 것이고, 일을 통해 보상하며 시 속에서 승화할

사무사 思無邪

수 있다. 채워지지 못한 삶의 그리움은 현존하는 것 사이의 심정적 유대를 통해 이런 식으로 견뎌질 수 있고, 또 견뎌내야 하는 것이다.

이렇듯이 인간과 자연, 자연과 욕망이 그 어떤 점에서 일치한다고 할 때, 이 일치는 쉽게 이루어지는 것이 아니다. 오히려 그것은 이상적인 경우에, 그러니까 아주 드문 경우에 체험되는 것이다. 그러나 그렇다고 해서 이 일치가 일상적인 차원에서 전혀 안 일어나는 것은 아니다. 그러나 일어난다면, 그것은 차라리 숨어 있는 것이고, 그래서 의식되지 않는 것에 가까울 가능성이 크다. 그리하여 결국 깊은 의미에서 인간과 자연과 욕망은 상통하는 것이라고 해야 할지도 모른다. 아마도 이것이 범욕주의의 시적 인식론이 될 것이다. 그러니 그 체험은 여전히 어떤 적극적 의지나 정치적 행동 속에서보다는 그저 현실을 감당하는 데서, 이렇게 감당하며 자기 자신을 잃지 않을 때에야 비로소 이뤄진다고 해야 할 것이다. 서정주의 입장은 바로 여기에 닿아 있다. 그래서 이것을 김우창은 "참고 기다리는 유연한 자세" 혹은 "미당 선생의 완곡의 실천철학"이라고 부른다(240쪽). 여기에는 문제가 없는 것일까? 이것은 주의를 요한다.

미당 선생이 구현하는 이 완곡의 실천철학 혹은 '구부러짐의 형이상학'이란 부조리하고 권력적인 삶에서 억눌린 자들이 살아남기 위한 "현실주의의 방편"이고(240쪽) "이존책以存策"이라고 김우창은 평가하지만(243쪽), 이런 평가와는 별도로 그것이 정말 효과적인 현실 대응법인지, 더 나아가 권유할 만한 삶의 방식인지 우리는 거듭 물어보아야 한다. 이것은 무엇보다 제5공화국 전두환 시절 미당이

보여준 정치적 패착에서 잘 확인된다.[5]

그러나 굳이 이런 점 이외에도 생명충동과 성충동, 범욕주의, 집단적 무의식, 사회적 무의식의 상호관계는 결코 간단할 수 없는 중차대한 주제이고, 따라서 그것은 경험이나 체험의 내용과 관련하여 더 선명하게 해명되지 않으면 안 된다. 김우창이 미당론의 끝에 이렇게 쓴 것은 이 때문일지도 모른다. "이제는 이존以存보다 구부러진 자세로 참고 견디지 않아도 될 상태를 생각할 수 있는 그런 마음의 근본적인 현실을 가져야 할 단계에 와 있는지 모를 일이다"(243~44쪽). 아마도 그렇다고 해야 할 것이다. 마음을 구부러지게 하는 현실의 고통이 불가피하다는 것을 생각하면서도 우리는 구부러지지 않아도 될 마음의 근본이 무엇인지를 동시에 사고할 수 있어야 한다. 그것이 더 높은 삶의 윤리적 단계일 것이기 때문이다.

앞서 언급했던 김수영의 문학적 고민과 예술적 양심이 겨냥한 것도 이와 무관하지 않다. 아니 그것은 다름 아닌 바로 이 균열의 고통, 삶의 불가피한 한계조건을 시 속에서 자유의 증언이 되도록 만든 데 있다. 그리고 그 자유는 사랑을 가진 것이었다. 그렇다고 한다면, 사랑을 통한 자유에의 김수영적 지향은, 적어도 범욕적 세계관이 좀 더 곧은 마음의 근본을 향해 나아가고, 이런 근본의 상기를 통해 인간과 역사와

5 그러나 더 큰 문제는 사실 이 개별적 사건 자체보다는 서정주의 사례로 인해 한국에서 시의 정치적 가능성 혹은 문학과 사회의 상호 작동방식에 내재된 여러 다양한 가능성의 차원이, 그리고 이런 차원에 대한 성찰과 탐구가 매우 부정적이고도 협애하게 자리 잡게 되었다는 점인지도 모른다. 왜 한국의 문학사에서는 문학의 정치에의 참여 혹은 사회에의 개입 이전에, 오직 문학적인 것에 천착하는 것 자체가 정치와 사회와 역사와 문화를 자연스럽게 포용하는 것이 되는 납득할 만한 사례가 이다지 드문 것인가?

말의 바른 의미에서 문학적인 것이란 곧 삶의 전체를 향한 것이고, 또 이 전체에 열린 것이어야 한다면, 그리고 이 전체에는 말할 것도 없이 정치와 사회와 현실이 포함된 것이라면, '문학의 정

자연이 제 그리움을 충족시켜 나가는 데 있다고 한다면, 서정주의 '굵은 형이상학'과 만날 수도 있을 것이다.

결국 인간의 자유는 사랑의 자유여야 한다. 사랑을 위한 자유이고 사랑을 향한 자유여야 한다. 그렇듯이 형이상학은 그저 살아남기 위한 현실주의적 방편으로서가 아니라, 삶의 근본과 이 근본으로서의 마음의 바탕을 세우는 길에 헌신해야 한다. 여하한의 도구화를 벗어날 수 있을 때, 시적 추구도 참된 자유의 길이 된다. 목표는 인식이 아니라 자유이고, 이 자유를 위한 사랑의 실천이다.

치적 요소'나 '문학의 사회적 개입'이라는 말은 논리적 오류이거나 표현적 미비일 수도 있다. 문학은 그 자체로 정치이자 비정치이고, 사회이자 비사회이고 자아이자 타자이기 때문이다. 아니 이 둘 사이의 긴장적 움직임이고 이 움직임의 에너지이다. 그러므로 우리는 도덕적 당위 혹은 책임으로서의 사회정치적 개입을 말하기 전에, 이 개입을 문학 속에 이미 그 나름으로 체화하고 형상화한 작품의 모범적 사례를 하나의 역사가 되도록 축적시켜가야 한다. 그러니까 우리는 정치의 가능성을 좁게 보듯이, 문학과 시 그리고 예술 나아가 비평의 가능성도, 혹은 더 나아가면 글과 사유의 가능성도 지극히 좁게 보는 것이다. 그것은 아마도 좋은 사례, 더 정확히 말하면 좋은 사례의 지성사적 전통이 부족하기 때문일 것이다.

'윤리를 논한다'는 것은 늘 어렵다. 이 어려움이란 윤리에 대한 논의 자체에서 온다기보다는 더 근본적인 문제, 즉 윤리란 말할 것도 없이 논의나 논증의 문제가 아니라 실천의 문제라는 사실에서 온다. 윤리란 말로 해결될 것이 아니라 나날의 행동 속에 구현되어야 한다. 그러니 윤리에 대한 논의는 많은 경우 군더더기처럼 보인다. 그럼에도 불구하고 윤리와 그 실행 방안을 체계적으로 따져보는 일은 중요한 일이 아닐 수 없다.

김우창의 비평에도 윤리학은 분명 있다. 단지 그것은 전면적으로 주제화되기보다는 글의 배후에, 그래서 문제의식의 바탕에 깔려 있다. 혹은 글의 종국적 지향점으로서 자리하는 것처럼 보인다. 이 점을 말하는 데 좋은 열쇠어는 무엇일까? 내 생각에 그것은 '내면성'이지 않나 여겨진다.

그렇다면 문제는 어떤 내면성인가가 될 것이다. 즉 내면성의 성격이 어떻게 생활의 무늬로서 나날의 삶에 배어들어 하나의 윤리적 태도로서 자리하고, 그래서 결국 삶의 자세가 되는가가 중요하다. 김우창은 이런 윤리적 태도로 '세계를 신뢰'하고, '상호유대'에 대한 믿음 속에서 '시의 마음, 사회의 마음'을 꿈꾼다. 그러나 주의할 것은 이 비평적 열망의 바탕은 조화나 화해의 감정이기 이전에 '직

5장   심미적 윤리

앞 장에서 나는 김우창의 사유를 말하면서 그 특징이 부단히 움직이는 부정의 변증법에 있고, 이 부정의 변증법적 사유는 단순히 방법에 그치는 것이 아니라 하나의 삶의 자세이자 태도이며, 그 때문에 '윤리적'이라고 지적하였다. 바로 이 때문에 부분과 전체를 오고 가는 그의 사유는 대상을 향하면서도 결국에는 자기 자신으로 돌아온다. 대상 성찰은 자기반성적인 것으로 귀결하는 것이다.

사고의 이 같은 자기반성성 속에서 김우창은 자기쇄신을 꾀한다. 이것은 글의 표면에 직접적으로 나타난다기보다는 그가 다루는 대상에서, 이 대상을 다루는 방식으로서의 글에서, 특히 이 글이 시인 경우 시평에, 잘 묻어 있다. 절제와 균형이 이 같은 논평의 정신적 속성이라고 한다면, 삶에 대한 향수 감각享受感覺은 좀 더 내밀한 내용이라고 해야 할 것이다. 행복은 이 내밀한 기쁨을 즐기는 정서적 상태에 가깝다.

이런 면모가 잘 드러나는 평문이 「시대와 내면적 인간—윤동주의 시」다. 그러나 여기에도 여러 요소가 얽혀 있다. 시대의 불운과 자아의 완성, 윤리, 삶의 기쁨의 향수, 행복과 불행의 감정 등등. 이 많은 것들 가운데 중심은 내면성이다. 어떤 내면성인가?

내면성

김우창은 윤동주가 투옥과 옥사獄死로 인해 흔히 저항 시인이라고 불리지만, 체포 사유가 된 '사상불온과 독립운동'이라는 죄목은 어떤 적극적 저항의 의미를 띠기보다는 일제 탄압에서 흔히 사용된 일반적 의미라고 전제한 후, 그가 "적극적인 행동의 인간이라기보다는 '고요하고 내면적인 사람'이라던 문익환의 말에 동의한다"(173쪽). 그러면서 행동의 인간이 아니라 이 조용하고 내면적 인간마저 감옥에서 죽게 된 사정이야말로 일제 치하 한국인이 처한 고통 상황의 어떤 극한적 성격을 절감케 한다고 적는다.

여기에서 핵심적 질문은 시인 윤동주는 어떤 원칙 아래 시대의 어둠과 대결했는가라는 것이다. 혹은 암담한 현실 속에서 어떻게 자기를 지키면서 이 어두운 상황에 대응했는가이다. 이런 현실에서 그의 양심을 지탱한 어떤 원칙—자기 성찰과 자기 이해의 원칙이 분명히 있었을 것이다. 이 원칙을 내면성이라고 부른다면, 이 내면성은 어떤 내용을 갖는 것인가? 그리고 이것은 시작詩作과는 어떤 관계를 가졌던 것인가? 김우창의 관심은 이 점에 닿아 있다.

김우창의 해석에 따르면, 윤동주의 자기 응시 혹은 자아의식에는 여러 가지 요소들이 녹아 있다. 이를테면 자기 몰두적 나르시시즘과 고독 그리고 자기 위안에서부터 시대 현실에 대한 회의와 절망의 실존적 자각을 지나, 잃어버린 것에 대한 향수와 고독 그리고 어떤 결의 나아가 삶에 대한 관조적 거리에 이르기까지 여기에는 스펙트럼의 다양한 면모가 보이는데, 그 어느 것에나 "사심 없는 초연함" 속에서 "자기를 확인"하려는 노력이 있다. 이런 노력은, 적극적으로 해석하면, "삶의 가능성을 개체적인 생애 속에서 구체화하고자 하는 자기 완성에 대한 적극적인 관심"이다(175쪽).

자아의 자기 완성에 대한 이런 적극적 관심을 김우창은 윤동주가 애독했던 키르케고르의 자아 이해와 연결시킨다. 즉 키르케고르에게는 지적인 것과 심미적인 것 그리고 윤리적인 것이라는 세 가지 요소가 중요했는데, 이 세 가지를 하나로 통일시키는 것이 '윤리적 실재'라면서 그는 이렇게 적는다.

키에르케고르와의 병행관계를 너무 강조해서는 안 되겠지만, 윤동주에게 있어서도 심미적 발전을 통하여 자신의 윤리적 완성을 기하려는 충동이 강하였다고 말할 수는 있다. 그리하여 심미적인 관심은 그의 내면화를 가져오고, 윤리적인 관심은 그를 시대의 어두운 장벽에 대결하게 하였다. 이러한 두 관심은 그의 품성의 양면이 면서 하나의 전체를 이룬다. 심미적 관심은 세계의 감각적 양상과 자아의 교섭에 대한 관심이며, 이것은 불가피하게 세계 자체가 이 교섭에 어울리는 것이기를 요구하게 된다. 그의 양심은 이 요구에서 태어난 것이다. (176쪽)

김우창의 비평문은 논리적이다. 그리고 이 논리를 지탱하는 것은 대상에 대한 범주적·개념적 구분이고, 이런 구분 아래 그의 비평은 절차적 단계를 밟아가면서 차곡차곡 구축된다. 논리는 그렇게 구축된 사고의 결과다. 그래서 그것은 단단하여 흐트러짐을 모른다. 이런 논리를 담는 그의 언어는, 이미 앞서 언급했듯이, 건조하다. 그것은 일체의 수사修辭와 관형사를 최대한 피하기 때문이다. 대상에 적실하다는 것, 군더더기가 없다는 느낌은 그래서 올 것이다.

앞의 글에서 김우창의 비평 논리는 어떻게 구축되는가? 앞에서 보면, 윤동주를 지탱하는 것은 심미적 관심이다(첫째). 한편에는 감각과 지각의 내용을 이루는 세계의 모습이 있다면, 다른 한편에는 이런 세계의 모습에 상응하고 삼투하는 자아의 모습이 있다. 심미적 관심은 이 둘—"세계의 감각적 양상과 자아의 교섭에 대한 관심"으로 이루어진다(둘째). 자아는 세계와의 만남에서 이 세계가 자신의 심미적 관심에 '어울리기를' 요구하고, 이런 요구로부터 시인의 "양심"은 생겨난다(셋째). 시인은 이 양심에 기대어 자기 자신을 만들어간다. 이렇게 만들어진 것은 다름 아닌 시인의 내면성이다(넷째). 그러니 시인의 양심과 윤리, 심미적 관심에는 개인적이고 실존적이면서 사회적이고 역사적인 요소가 얽힌 채 개재介在하는 것이다. 그의 심미적 관심은 자기 자신을 윤리적으로 만들어가는 자기 형성의 구축 과정에 다름 아니다.

참으로 심미적인 것은 참으로 윤리적이어야 한다. 윤리적인 것은 심미적인 것과 만나는 가운데 주체 자신을 고양시킨다. 시인 윤동주는 현실 대결과 내면화의 이 얽힌 상호 교섭을 심미적으로 적절하게 제어하면서 자기를 더 높고 견고하게 만들어가는 가운데 시대의 어두운 장벽을 넘어서고자 한 것이다. 시란 세계 삼투의 방식이고, 현실 교섭의 과정이며 자기 형성의 결과이다.

절제 – 생활의 무늬

우리는 플라톤이나 아리스토텔레스를 으레 학자들의 풍성한 옷차림으로만 상상한다. 이들도 선량한 사람이었고, 남들처럼 친구와 담소하기도 했다. 그리고 『법학』이나 『정치학』의 집필을 즐길 때에도 오락 삼아 한 것이었다. (……) 가장 철학자다운 시기는 단순하고 조용하게 살 때였다.

파스칼, 『팡세』(1670)

윤동주를 추동하는 것은, 크게 나누면, 두 가지 관심, 즉 심미적 관심과 윤리적 관심이다. "심미적인 관심"이, 김우창이 지적한 대로,

"그의 내면화"를 초래했다면, "윤리적인 관심은 그를 시대의 어두운 장벽에 대결하게" 만들었다. 그런데 이 두 관심은 "그의 품성의 양면이면서 하나의 전체를 이룬다." 심미적 관심이 "세계의 감각적 양상과 자아의 교섭에 대한 관심"이라면, 이러한 관심이 자아 내부에 머물러 있기만 했던 것은 아니다. 세계와의 심미적 교섭이란 이 세계를 더 풍성하게 느끼고 더 깊게 사고하는 것이다.

이런 교섭을 통해 주체는 자기 자신을 좀 더 올바르게 만들어가고자 애쓴다. 그렇듯이 자기가 교류하는 세계 역시 자신의 이런 윤리적 자기 형성에 어울리는 것이 되길 주체는 바란다. 그러니까 심미적 충동은 자기 내면에서 출발하여 사회로 나아가고, 시대 전체로 퍼져나가며, 이렇게 퍼져나간 주체의 형성적 충동은 세계와 바르게 만난 후에 다시 자기 자신에게 돌아오는 것이다. 자기를 벗어나 사회로 나아가는 것, 세계로 나아간 관심이 자기 자아로 돌아오는 것, 이런 출발과 회귀 사이의 형성적 움직임이 심미적 윤리의 역학이 된다. 양심이란 이 긴장에 찬 길항관계, 이 관계 속에서 움직이는 심미적 윤리의식의 자기 갱신적 형성 과정에 다름 아니다.

심미적 윤리의식 아래에서 행동은 어떻게 일어나는가? 심미적 윤리 아래에서 실천은 어떻게 이루어지는가? 이것은, 나의 판단으로, 김우창의 비평론에서뿐만 아니라 그의 사유와 학문에 있어서도 하나의 요체가 아닐 수 없다. 그의 사유는 대상을 경험적 구체 속에서 다루면서도 늘 경험을 에워싼 사회역사적 맥락을 잊지 않는다. 이런 맥락에는 정치나 경제, 법률과 제도와 같은 요소가 포함되고 환경적 둘레가 고려되며, 이 둘레를 지탱하는 자연적·우주론적 바탕에 대한 성찰도 들어 있다. 그러면서도 이 모든 것은 시적이고 관조적인 정조로 구조화되어 있고—그 점에서 심미적이다—, 이 시적·심미적인 것은 지금 여기에서 살아가는 주체의 삶의 태도로 육화된다—그 점에서 윤리적이다. 심미적 윤리는 말의 근본적인 의미에서 자기 성찰적이고, 이 성찰을 통한 쉼 없는 자기 형성을 도모한다. 그러므로 김우창 사유의 핵심은 자기 형성의 심미적 윤리성에 있는 것이다.**6**

그렇다면, 심미적 윤리에서의 인간관계는 어떠한가? 여기에 대해서도 여러 가지 사항이 언급되어야 한다. 그러나 김우창의 맥락에서 그것은 무엇보다 '무상적無償的 증여贈與'로 이뤄진다고 이해할 수 있다. 무상적 증여에 대해서는 『궁핍한 시대의 시인』의 전편을 통틀어 두 군데서 언급된다.

첫 번째는 「일제하의 작가의 상황」에서 작가 이상李箱의 「날개」에 묘사된, 아내의 매춘에 기대 사는 주인공의 삶을 논하면서 이 식민지 지식인이 기생적 생활 속에서도 희구하는 인간의 완전한 관계란 무상의 증여로서만 성립될 수 있다고 쓴 대목이다(24쪽). 인간이 스스로 자유롭고 타자와의 관계에서도 자유로울 수 있는 것은 돈이나 윤리나 도덕이 아니라 아무것도 바라지 않고 줄 수 있는 사랑 속에서만 가능하다는 것이다. 다른 하나는 「작은 것들의 세계」에서 금아 피천득 선생은 사물이나 사람의 이상적인 관계가 무상적 증여의 관계여야 함을 곳곳

6 문광훈, 「자기형성의 심미적 윤리: 김우창론」, 특히 256쪽 이하 참조.

사무사 思無邪

에서 암시한다고 말하는 대목에서다. 더 자세히 살펴보자.

금아 선생의 세계를 구성하는 것은, 이미 언급했듯이, 소박하고 다정하고 아름다운 것들이다. 이것들은 모두 그에게 행복의 원형적 공간을 이루지만, 이 가운데서도 어머니를 둘러싼 사랑의 추억은 각별하다. 어머니는 남편을 일찍 여읜 과부였지만, 이런 고통 속에서도 아이에게 늘 자상하고 따뜻하며 아늑한 울타리로 자리한 분이었다.

그러나 이것이 꼭 무조건적인 사랑이나 맹목적인 집착은 아니었다고 회고된다. 어머니는, 김우창이 인용한 피천득의 문장을 다시 인용하면, "남에게 거짓말한 일 없고, 거만하거나 비겁하거나 몰인정한 적이 없었던" 것이다(250쪽). 숨바꼭질을 하면서도 마치 못 찾은 것처럼 하시고, 구슬치기 후에도 땄던 구슬을 전부 내주시고, 글방을 도망 나온 아들을 때린 후엔 남몰래 눈물 흘리시던 모습을 금아 선생은 회상한다(250쪽). 어머니의 자애慈愛란 느긋한 삶으로부터 생겨난 여유가 아니라, 이런 말 못할 고통과 상실에도 불구하고 견지된 것이었다. 그러는 한 그것은 보상을 바라지 않는 증여의 이미지로 자리하는 것이다. "사물이나 사람에 대한 우리의 관계가 원칙적으로 무상적 증여의 것이어야 마땅하다"(250쪽).

무상적 증여의 관계에서 사랑은 사랑이되 무심하게 행해질 것이다. 아니, 다시 쓰자. 사랑조차 무심하게 행해질 것이다. 누군가에 대한 믿음은 하나의 믿음이되 그 사람을 옥죄는 것이 아니라 차라리 자기 스스로를 지탱하기 위해 행해지는 종류의 것이라고 말해야 할지도 모른다. 그래서 그것은 어떤 한 사람에 대한 것이라기보다는 인간 일반을 향한 것이고, 세계 전체를 향해 있을 것이다(이것이 6장에서 다루어질 '세계 신뢰'다). 사랑과 믿음은 자유롭게 행해지되 방종으로 흐르지 않을 것이고, 그것이 돈이나 쾌락의 올가미에 덧씌워져 있지 않을 것이다.

그리하여 사랑은 한껏 주는 것이되 이해득실을 따지지 않을 것이고, 또 자기를 뽐내거나 누군가에게 위압적이지 않을 것이다. 그것은 완전히 자유로운 의사로 행해질 것이고, 이때의 자유의사는 책임 위에 있을 것이다. 왜냐하면 주고 베푸는 일은 그 자체로 기뻐할 만한 즐거운 일인 까닭이다. 이해관계와 전략과 의도가 개입된다면, 그것이 어떻게 기뻐할 만한 일이 될 것인가? 이 기뻐하는 것에 대한 정치적 관념이 '자유'가 될 것이고, 이 자유의 감정과 정신으로부터 행복은 자라나올 것이다.

피천득의 경우가 윤리적 삶에 대한 일상적 예증이라고 한다면, 윤동주의 경우는 그에 대한 '고귀한 예외'의 증거라고 할 수 있을 듯하다. 그것은 아마도 무상적 증여의 윤리적 삶을 가장 직접적이고도 극적으로 보여주는 예라고 해야 할 것이다. 왜냐하면 윤동주는 자랑이나 허세가 아니라 절제된 내면성이 삶을 완성케 한 예로서 살았기 때문이다.

당대의 대부분의 사람에게 그랬듯이 윤동주에게도 안과 밖의 자연스러운 교섭은 허용되지 아니하였다. 그러니만치 그의 삶은 미완성인 채로 끝날 수밖에 없었다. 그러나 그는 당대의 기교파 시인이나 미쳐 돌아간 친일親日 곡예사曲藝師들에 비하여 누구보다도 삶의 깊이에 이르려 했고, 또 이 안으로의 깊이가 밖으로의 높이와 넓이를 필요로 하는 것을 의식하고 있었다. 또 의식이 적극적인 행동으로 전환되어야 한다는 것도 생각하였다. 그러나 그는 거기에 성공하지는 못했던 것 같다. 이러한 요소들이 그의 삶을 비극적인 것이게 했고, 또 영광스러운 것이 되게 하였다. (194쪽)

자아의 완성은 그리 쉬운 것이 아니다. 사회적으로 시도되건 개인적으로 추구되건, 그 어떤 것이나 납득할 만한 사례를 보여주는 것도 어렵다. '성공한' 예는 더욱 드물다. 이 기준을 좀 더 까다롭게 잡으면, 더욱 그럴 것이다. 설령 성공한 것이라고 하더라도, 그것은 엄정한 자기 기율을 요구하는 것이고, 이 기율은 어떤 금욕을 통해 이뤄질 것이다. 그리고 이 기율에는 무엇보다 세계와 인간에 대한 허망할 수도 있는 일정한 믿음 없이는 불가능하다. 그것이 '허망한' 이유는, 이 믿음이 어떤 보답을 못 받는다고 해도 견지되어야 하기 때문이다. 절제의 기율은 맹목적이고 절대적이며 그래서 허망한 믿음을 전제한다.

더 나은 세계가 있을 수 있다는 것, 인간은 지금보다 더 선해져야 한다는 것, 현실은 현재보다 더 정의로워야 한다는 믿음 없이 우리는 어떻게 오늘의 결핍을 견뎌낼 수 있는가? 윤동주는 이러한 신념을 심미적·윤리적 실천을 통해 시도했다. 그것이 '심미적인' 것은 그가 시적 성찰과 관조를 통해서 노력했기 때문이고, 그것이 '윤리적인' 것은 이런 시적 노력이 자아의 실존적 완성을 겨냥했기 때문이다. 그는 시를 통해 자기 자신과 시대의 어둠을 응시하고자 했다. 그렇다는 것은 시 속에서 내가 사회와 만나는, 이렇게 서로 만나 교류하고 충돌하고 삼투하여 자신을 쇄신해갈 수 있는 어떤 생성적·변형적 계기가 있다는 것을 증거한다. 시는 비시적인 현실과 대결하면서 이 현실을 고쳐갈 수 있는 그 나름의 역학을 내장하는 것이다.

자아의 안과 밖, 현실과 내면, 자아와 타자, 어두운 세상과 내면의 빛, 행동과 성찰은 서로 깊게 얽혀 있다. 그리고 이 얽힌 관계는 대상의 성격이면서 이 대상을 바라보고 관찰하며 사고하는 주체 자신의 성격이기도 하다. 마찬가지로 복잡다단한 내면 공간의 성취와 한계는 윤동주의 것이면서 이 윤동주를 해석하는 김우창 자신의 세계를 어느 정도 비춘다고 할 수 있다.

사실 김우창의 저작에서 행복과 자유, 너그러움과 자발성, 금욕주의, 절제, 엄격 그리고 아름다움은 매우 밀접하게 얽혀 있다. 이 모든 요소는 이렇게 어울려 하나의 태도—삶에 대한 바람직한 자세로 자연스럽게 수렴된다. 그에 대한 좋은 예는 무엇일까? 정지용의 시 「노인과 꽃」에 대한 다음 논평은 그 예가 될지도 모른다.

이 시는 아무 욕심이 없는 상태에서 비를 맞으며 꽃을 심고 있는 한 노인에 대한 찬사이다. 욕심이 없다는 것은 그의 여러 잔손질과 배려에도 불구하고 노인은 꽃이 개화하는 것을 못 볼지도 모르기 때문이다. 노인은 슬픔과 기쁨의 결과를 초월한 사람이야말로 꽃을 즐길 수 있는 사람이라고 말한다. (……) 그(정지용: 필자 주)는 처음부터 감각과 언어를 거의 금욕주의적 엄격함을 가지고 단련하였다. 「백록담」에 이르러 그는 감각의 단련을 무욕無欲의 철학으로 발전시킨 것이다. 분명 정지용에 이르러 현대 한국인의 혼란된 경험은 하나의 질서를 부여받았다. (53쪽)

여기에서 강조되는 것은 아름다움을 즐길 수 있는 전제조건으로서의 무욕의 삶—"금욕주의적 엄격함"이다. 이 엄격함을 통해 사람은 "슬픔과 기쁨의 결과를 초월"할 수 있고, 이렇게 감정적 희비喜悲를 초월할 수 있을 때, 비로소 사람은 "꽃을 즐길 수 있"는 것이다. 그 예로 김우창은 정지용을 거론한다. 이것은 시인의 시적 방법론으로 그치는 것이 아니다. 감각의 훈련을 통한 절제된 삶이란 인간 일반의 자세—각자가 자기 삶을 주인으로서 살아가기 위해, 그래서 사랑과 너그러움 속에서 아름다움을 느끼며 살아가기 위해 필요한 것이다.

사람의 자유와 행복이 가능한 것은 대상에 대한 무상적 증여의 태도 덕분이다. 주되 바라지 않을 때 우리는 참으로 행복할 수 있고, 이 행복감 속에 스스로 자유를 구가할 수 있다. 이런 자유와 행복의 공간이란 곧 사랑의 공간일 것이다. 인간의 삶은 행복과 평화가 자라나는 사랑의 공간을 지향한다.

그러나 더 엄격하게 말하자면, 이 공간은 사랑으로 채색된 곳이라기보다는 차라리 사랑을 포함한 일체의 감정을 덜어낸 허허로운 공간에 가까운 것이라고 해야 할지도 모른다. 여기에서는 사랑의 주고받음에 따른 결과에조차 무심해야 하기 때문이다. 말하자면 사랑 속에서 사랑을 넘어선다고나 할까. 이곳은 여하한의 도덕이나 윤리, 가치나 규범을 벗어난 무심無心의 공간에 가깝다. 이 무심의 공간이 사랑의 공간이라면, 그것은 일체의 의도와 구분, 인위적 전략과 권력적 위계화를 넘어서 자리한다. 이때 인간의 공간은 자연의 공간에 속성적으로 근접할 것이다. 이 속성이란 곧 무심함이다. 이 무심함 속에서 인간과 자연은 하나로 만나고, 이 하나로 만난 것의 이름이 곧 아름다움이다. 참된 아름다움은 무심함으로부터 자라나오고, 이 무심함에 닿아 있다. 사랑은 무심함 속에서 완성된다.

그러나 이 자유로운 주고받음의 공간이 인간의 현실에서 가능한 것인가? 사랑의 공간은 과연 인간의 이름에 값하는 것인가? 이에 대한 답변이 아마도 긍정적이기보다는 부정에 가까울 것이다. 사람의 삶을 좀 더 살 만한 것이 되게 하고, 사람이 거주하는 세계를 더 의미 있게 만들 이 무상적 증여를 현실에서 실천한다는 것은 지독히 힘겨운 일이다. 상실과 고초, 배반과 환멸에도 불구하고 이런 믿음을 견지하고, 이 믿음을 실천하기란 더더욱 힘들다. 세상은 이전처럼 지금도 믿기 어렵고, 그래서 선뜻 무엇인가 주기 어렵다. 사랑이 힘든 공간이 되어버린 것이다. 언제나 득세하는 것은 돈과 쾌락과 권력과 술수이지 사랑과 믿음과 무상적 증여가 결코 아니다. 보답과 고마움과 자연스러움이 아니라 억지와 교훈과 지배와 작위가 인간관계의 일반을 규정한다. 행복과 자유와 사랑과 믿음은 늘 희구되면서도 그만큼이나 언제나 머나먼 곳에 있는 것이다.

그러나 이 모든 장애와 불리에도 불구하고 행복을 향한 생활의 기술은 절실한 것이 아닐 수 없다는 사실 또한 자명하다. 이와 관련하여 김우창은 다음과 같이 쓴다. 이것은 아마도 『궁핍한 시대의 시인』의 전체를 통틀어 하나의 목표, 즉 시적·예술적·인문학적·문화적 지향점이 될 만해 보인다.

> 　　동양 전통에 있어서 예술은 일본의 다茶와 비슷한 것이었다. 그것은 하나의 도락이면서 정신의 기술이었다. 그러면서도 그것은 주로 엄숙하게 굳어 있는 도학자의 얼굴을 가진 것이라기보다는 일상생활과 문화 일반의 자연스러운 일부를 이루었다. 그것은 크게 떠들어지는 것보다는 조용히 이야기되고 이야기되기보다는 단지 생각될 뿐이었고 생각되기보다는 담담한 삶으로서 살아지는 것이었다. 그리하여 예술은 참으로 단순히 생활의 문채文彩가 되고 생활의 문채이면서 천지자연의 영묘靈妙함을 드러내어주는 것이라고 생각될 수 있는 것이었다. (341쪽)

　　시든 예술이든, 혹은 철학이든 문화든, 그것은 결국, 김우창이 적고 있듯이, "크게 떠들어지는 것보다는 조용히 이야기되고 이야기되기보다는 단지 생각될 뿐이었고 생각되기보다는 담담한 삶으로서 살아지는 것"을 목표로 한다고 해야 할 것이다. 우리가 바라는 이념들, 즉 사랑과 조화, 평화와 공존이 갖는 종국적 의미란 그저 설명이나 논증, 주장이나 해석만으로 해결될 일이 결코 아니다. 그것은 결국 내가 그리고 우리 모두가 여기 이 땅에서 온몸으로 살아가는 데 있을 것이다. 그리고 이렇게 살아가면서 매 순간 또 나날이 느끼고, 이렇게 느끼는 다른 이웃들과 더불어 내가 사는 삶의 공동체를 더 나은 것으로 조직하는 데 있다.

시를 읽고 그림을 보고 음악을 듣는 것이 삶의 나날의 무늬가 되지 못한다면, 그것은 어디다 쓸 것인가? 비평 또한 이와 다를 수 없다. 그것은 결국 인간 삶의 무늬로 생활 속에 스며들어야 마땅하다.

이렇게 생활의 무늬로 체현될 때, 이념은 윤리가 된다. 이에 따라 사람은 현실에 대한 감수성을 높이고, 이렇듯 높아진 감수성으로 동료 인간과 현실의 깊이와 세계의 전체를 더 온전하게 이해할 수 있을 것이다. 이렇게 이해된 세계에서 사랑과 행복은 좀 더 절실하고 더 넓게 공유될 것이다. 예술의 경험은 바로 이 점을 장려한다. 그것은 생활의 나날 속에서 이렇듯 삶을 위한 하나의 조촐한 에너지이자 심미적 기술로서 자리하고, 살아가는 방식이자 양식樣式으로 기능한다.

심미적인 것과 윤리적인 것은 높은 그러면서 지극히 일상적인 차원에서 서로 깊게 이어진다. 심미적인 것과 윤리적인 것이 만나 하나가 될 때, 문화란 자신의 위험성, 즉 문화주의적 퇴행성과 유약함, 배타성 그리고 보수성을 경계하면서 어떤 납득할 만한 건전성의 수준에 도달하게 될 것이다. 이성적 질서와 민주적 공동체는 이렇게 도달된 문화의 사회정치적 이름이다.

그러므로 무심한 절제로부터 다시 출발하는 것, 출발하며 마음을 다잡는 것은 개인의 윤리적 행복이나 사회의 이성적 질서를 위해 절실하다. 각박한 생존논리 속에서 우리는 자신을 스스로 연마하고, 모순과 균열과 직면하는 가운데 자기를 반성하며 매일 매 순간을 쇄신할 수 있어야 한다. 개인의 이런 자기쇄신은 공동체적 이성의 탐색으로 이어질 수 있다. 이성적 공동체, 민주주의 국가, 시민사회는 이런 탐색 속에서 조금씩 단계적으로 정립될 것이다.

이런 자기쇄신을 예술적 양심의 이름으로 시도한 시인은 김수영이었다. 시란 그에게 이 같은 양심의 적나라한 궤적이고, 자유란 이 양심의 궤적이 겨냥한 목표였다.

"사회적 내면성"

나는 앞에서 내면성을 말하고, 무상적 증여를 통한 윤리적 완성의 가능성을 언급했지만, 사실 이것은 쉬운 일이 아니다. 그것은 오늘날에 와서 더욱더 드문 일이라고 해야 한다. 시대는 더 이상 내면성을 말하지 않고, 무상적 증여가 아니라 '경쟁'과 '능률'을 외치며, 사람들은 '효능'과 '수익'의 이데올로기에 익숙해진 지 이미 오래되었다. 그런데 다시 '자유'니, '양심'을 말하고, '사랑'과 '조화'를 언급하니, 이 무슨 뜻인가?

21세기는 근본적으로 자유나 평등, 정의와 인권 같은 말을 순박하게 혹은 일의적으로 혹은 전래적인 의미에서 받아들이기에는 너무도 복잡하고 불순하게 되어버렸다. 이것은 자명하다. 그러니 최소한도의 오해를 피하려면, 그래서 전래적 술어들을 제대로 사용하려면, 여러 단계의 유보와 전제조건을 달아야 한다. 적어도 이 말들의 함의가 간단치 않음을, 그래서 잘못하면 순식간에 오용되거나 왜곡될 수 있음을 지적해야 한다. 이러한 지적은 어디에서 오는가?

나는 주위를 돌아보고, 내 내면을 헤아려본다. 자아의 완성을 조용한 실천 속에서 이루려는 것이 윤리적 태도라고 한다면, 이 태도가 구현되는 것은 물론 생활에서다. 그리고 이 생활을 끌고 가는 것이 사람의 몸이라고 한다면, 정신은 이 몸을 움직이는 것이다. 몸과 정신, 육체와 이성은 마음속에서 하나로 얽혀 있다. 그러니 행복이나 사랑, 기쁨과 꿈은 이 마음의 공간으로부터 시작되는 것이다. 피천득론인 「작은 것들의 세계」의 마지막은 이렇게 끝난다.

선생은 이 온화한 행복이 멀리 있는 것이 아니라 우리의 나날에 있다고 말씀하신다. 그것을 위해서 우리는 사물과 사람들을 우리의 사랑과 고마움 속에 살게 하여야 한다. 이 사랑은 잃어버린 사랑과 얻어진 사랑, 우리의 추억과 현재의 기쁨이 엇갈리는 마음의 공간에서 성장한다. 바깥세상은 너무나 혹독하고, 그것은 우리의 행복을 거의 허용하지 않을 것처럼 보일는지 모른다. 또 많은 사람들에게 바깥세상을 이해하고 이 세상을 바르게 하는 일이 주요한 일이라고 생각될는지도 모른다. 그러나 우리의 세상은 안에다 가꾸는 꿈의 공간에서 비롯한다. 이것을 버릴 때, 우리가 만드는 세상은 또다시 황량한 것이 될 수밖에 없을 것이다. (253~54쪽)

마음 밖의 현실이 중대한 것은 틀림없다. 그것은 모든 현상적인 사건과 경험을 지배한다. 그러나 그것이 삶의 전부일 수는 없다. 일상적 사건의 유의미를 결정하고, 이 경험의 내용을 채우는 것은 마음이다. 마음은 자아의 밖이 아니라 그 내부 공간에서 자란다. 내부 공간에서 나날의 시간이 만드는 굴곡과 세부와 뉘앙스가 가늠되는 것이다. 그러니 행복은 자아의 밖이 아니라 그 안으로부터 만들어지는 것이다.

이렇게 만들어진 내면의 행복은 외부 현실의 불행을 줄이는 계기가 될 수도 있다. 자아의 연마, 이 연마를 통한 윤리적 완성이란 바로 이런 내면과 외면, 자아의 행복과 현실의 불행 사이에 자리한 길항관계를 균형 잡아가는 데 있다. 그러는 한 그것은 마음의 공간을 확대하고 심화하는 과정이 된다.

사물이 그 자체 속에서 자신을 넘어가는 데 있다고 한다면, 이 초월적 가능성은 곧 이 가능성을 인지하는 마음의 가능성이다. 즉 사물과 마음은 자기 초극의 가능성 속에서 서로 만나는 것이다. 그리고 이 만남이 시작되는 곳이 다름 아닌 마음의 내면 공간이다. 그런 점에서 내면성은, 적어도 그것이 바른 것이라면, 밖으로 열린 내면성이고, 또 이렇게 열린 내면성이어야 한다. 이 내면성은, 그것이 자기 자신 속에 밀폐된 것이 아니라 외부 현실로 트여 있다는 점에서 '사회적'이다. 바로 이 점에서 우리는 '사회적 내면성'을 말할 수 있다.[7] 혹은 '사회의 마음' 혹은 '이성의 사회적

7　이것은 문광훈, 「시적 마음의 동심원: 김우창의 인문주의」(한길사, 2006)의 2부 「사회적 내면성의 정초」(93~286쪽)와 4부 「한국인문학의 다른 역사」의 8장 3절 「마음의 훈련: 사회적 내면성의 역학」(464~74쪽)에서 자세히 다뤄졌다.

마음'이라고 부를 수도 있다. 세상은 이 마음의 내면 공간으로부터 꿈꾸어지고 자라나기 시작한다.

그러므로 다시 문제는 사회적 내면성이고, 이 사회적 내면성과 심미적 윤리성의 관계다. 심미적 윤리의식을 지탱하고 추동하며 생성시키는 것이 자아의 내면성이기 때문이다. 그리고 이 내면적 마음이 시로부터 시작된다면, 그것은 시의 마음이기도 할 것이다. 시는 사회의 이성을 꿈꾸고, 이 이성이 자라나는 사회적 내면성으로부터 추동된다. 이렇게 열린 의식이 자기 자신으로 돌아와 사람의 인격을 만든다는 점에서 그것은 '형성적'이며(이것이 '심미적 성장이고 발전'이다), 이렇게 형성된 주체의 자아는 다시 어두운 현실과 대결한다는 점에서 그것은 '정치적'이다(이것이 예술철학에서 말하는 이른바 '심미적인 것의 부정적 · 비판적 · 성찰적 잠재력'이다). 이 성찰력을 내면화한 대표적 시인이 윤동주라면, 시적 양심으로 세상의 허위를 견뎌냈던 시인은 김수영이었다. 그리고 이것은 나날의 일상적인 일에서부터 거짓 없었던 피천득 선생의 삶에서도, 뉘앙스나 강조점의 차이는 있는 채로, 육화된 것이었기도 하다.

사회적 내면성의 관점에서 보면, 윤동주에게 자아의식은 비사회적이지도 않고 현실도피적이지도 않다. 그것은 자아의식과 자기 성찰 속에서 사회 현실로 퍼져나간다. 이렇게 퍼져나가 행동의 가능성을 탐색하고, 시대의 어둠을 증거하는 가운데 그는 자기 자신으로 돌아온다. 이 모든 성찰적 · 반성적 자의식은 자기 자신을 윤리적으로 완성시키면서 행해진다. 그에게 시와 고독과 관조, 고통과 슬픔과 위로, 행동과 참여와 희생과 양심, 우수와 정밀靜謐, 평화와 행복, 심지어 자기 연민과 자기 혐오조차 심미적이면서 동시에 윤리적인 완성을 향한 것이고, 이런 완성을 위한 내면적 토대의 구축이라는 주제를 선회한다. 이 윤리적 완성에서 행동의 실천이 결정적인 것은 말할 것도 없다. 그리고 그 행동의 중심에는 시의 표현이 자리했다. 윤동주의 윤리적 실천은 근본적으로 심미적이었던 것이다.

그러나 그 어떠한 행동의 가능성도 허용되지 않을 때, 시의 표현적·심미적 가능성이란 얼마나 빈약한 것인가? 그것은, 시대가 암울하고 현실이 가난하면 할수록, 더욱더 보잘것없는 것이다. 그래서 이런 상황에서 내면의 원칙에 따라 행동하는 인간은 '비장한 양심의 수난자'일 수밖에 없었다고 김우창은 적고 있지만, 그러나 이렇게 선택한 내면적 공간은 윤동주에게 삶의 가능성의 전체이기도 했다. 그 점에서 그것은 광대한 것이었다. 이 협소하면서도 광대하고, 보잘것없는 것이면서도 전체인 것의 이름은 아름다움이라고 횔덜린은 『히페리온』에서 노래한 적이 있지만, 우리글의 맥락에서 그 이름은 바로 시다. 문학은 아무것도 아님에도 전체일 수 있는 하나의 놀라운 세계다. 그러나 문학의 완성은 희귀하게 이뤄진다. 완성이 있다면, 그것은 차라리 미완의 것으로, 그래서 침묵 속에 남을 가능성이 높다. 이런 비극적 조건 속에서 윤동주는 놀랄 만큼 철저하게 자기 완성을 향해 매진했고, 시는 그 같은 매진의 고귀한 예가 된다.

다시 한 걸음 물러나자. 시의 세계, 시인이 택한 내면적 공간으로부터 조금 물러나 지금의 현실을 잠시 돌아보자. 삶의 공간이 인간화되는 것은 무상적 증여를 통해서다. 그렇긴 하나 현실은 무상적 증여보다는 과정과 전략과 배반과 기만이 횡행하는 곳이라는 사실도 부인할 수 없다. 그러니 크고 작은 희생은 그치지 않는다. 이러한 배반과 있을 수 있는 희생 역시 우리는 인간적 운명의 일부로 받아들여야 하는지도 모른다.

그러나 운명의 수용은 그저 인내하고 견디는 데 그치는 것이 아니라, 전후좌우를 살피는 가운데, 말하자면 현실과 직시하고 그 경험과 대결함으로써 이뤄져야 한다. 그래야 현실 대응은 조금 더 적극적일 수 있고, 그래서 그 방식은 더 견고해질 수 있으며, 삶의 지식은 조금씩 지혜로 변할 수 있기 때문이다. 이러한 연마는 마땅히 자아의 밖이 아니라 자아의 안에서 이뤄져야 하고, 이 마음의 안으로부터 행해지는 믿음과 사랑은 그 어떤 목적이나 의도를 넘어설 수 있어야 한다. 사랑과 믿음은 무상적 증여의 마음에서 시작한다. 이 무상적 증여로부터 '세계 신뢰'도 자라난다.

사무사 思無邪

6장　세계 신뢰

'세계 신뢰'라는 대목으로 오면, 우리의 관심은 이미 삶의 태도이자 자세라는 데로 옮아간다. 더 이상 대상의 특성이나 성격이 무엇이고, 이 대상에 대한 탐구의 방법이 무엇이냐가 문제되는 것이 아니라, 대상을 마주한 나/주체의 대응 방식이 문제되기 때문이다. 즉 윤리의 문제로 들어선 것이다.

앎의 내용은 나날의 생활 안으로 배어들어 있어야 한다. 이것은 실천의 문제다. 실천은 더 이상 대상 연관적인 것이 아니라 주체 연관적이다. 모든 문제를 주체와 연관시킬 때, 행동과 실천의 윤리는 자연스럽게 포함된다. 그래서 더 어려운 것이다. 이른바 근대성의 문제도, 줄이자면, 근대적 이념(과학성이나 사회의식, 역사 인식, 개인성과 시민성 그리고 일상사의 문제 등)의 생활세계적 육화의 문제에 다름 아니다.

그런데 삶에 대한 윤리는 그냥 행해지는 것이 아니라 일정한 믿음―이 세상이 인간관계의 근본적 불가해와 신비 그리고 그 폭력성을 넘어 지금보다는 조금 더 나아질 수 있고, 인간은 오늘의 모습보다 조금 더 선해질 수 있다는 희망을, 그것이 명시적이든 암묵적이든, 전제한다. 말하자면 사람의 관계가 힘이나 돈 혹은 권력이나 지위로 완전히 휘둘리는 것이 아니라, 물론 이런 면을 전혀 피할 수는 없다고 해도, 적어도 때로는 좀 더 수긍할 만한 가치에 의해 매개되고, 또 이런 매개를 가능하게 할 어떤 도덕적 기초에 대한 공통된 확신이 그 옆에 자리하는 것이다. 이런 전제가 없다면, 우리는, 나와 타인의 관계건, 부부의 관계건 혹은 통치자와 피치자 사이의 관계건, 어떻게 무슨 일을 기획하고 다 같이 꿈꿀 수 있겠는가? 김우창에게 이러한 믿음은 세계 신뢰의 형태로 나타난다.

세계 신뢰 속에서 주체는 자기 자신의 태도를 점검한다. 그 태도의 내용은 무엇인가? 그것은, 줄이자면, '직시하되 너그럽게'라고 말할 수 있을지도 모른다. 혹은 관용을 가지되 그 관용은 현실 직시의 바탕 위에 자리해야 한다. 이 너그러운 직시 속에서 주체는 '상호유대'를 생각하고, 이런 유대를 통해 '시의 마음과 사회의 이성'을 지향하는 것이다.

직시하되 너그럽게

사랑은 모든 심판의 기준을 철폐하지 않는다.

김우창, 「민족주체성의 의미」, 『궁핍한 시대의 시인』, 205쪽

김우창의 세계 신뢰는 어쩌면 『궁핍한 시대의 시인』의 서문에서 가장 확연하게 나타난다고 해야 할지도 모른다. 그는 이 책을 발간하면서 느끼는 것 중 하나가 "글들의 부족과 제약을 그대로 남겨둘 수밖에 없다는 데에서 오는 중압감"인데, 이것은 "무책임한 일"이지만 "독자의 관용에 호소하는 길밖에 없다"고 토로한다. 그러면서 이것이 "단순한 개인적인 호소가 아니라 사람의 언어와 행동에 대한 일반적인 관용을 호소하는 한 계기라도 되었으면" 하고 바란다(5쪽).

그런데 이렇게 말하는 이유가 흥미롭다. 그것은 삶의 현실과 인간의 행동 사이에 엄청난 불균형이 있고, 이 불균형으로 인해 세계는 예측할 수 없는 것인데, 이 예측 불가능성에도 불구하고 인간이 행동으로 현실에 개입하는 것은 "공존적 유대에 신뢰를 걸어보기 때문"이라고 그는 적고 있다(5쪽). 여기서 말하는 공존적 유대에의 신뢰란 모호하다. 무엇이 공존하는 것이고, 무엇이 유대를 이루며, 이때의 신뢰는 무엇을 향한 것인가?

현실에 개입하는 인간의 행동은 직접적일 수도 있고 간접적일

수도 있다. 그리고 행동이란 것도 여러 가지 형태로 나타날 수 있다. 이를테면 그것은 실천적으로뿐만 아니라 언어적으로도 나타날 수 있다. 더 나아가면 우리는, '이론적 실천'이란 말에서처럼, 이론의 행동적 차원을 상정할 수 없는 것도 아니다. 행위의 종류가 어떠하건, 이 모든 행동은 일정한 책임을 수반한다. 그러나 언어의 행동은 직접적 행동처럼 긴급하고 심각할 수 없다. 그것은 또 일회적으로 끝나는 것도 아니다. 그것은 여러 차례의 시도와 시험을 통해 되풀이될 수 있고, 따라서 교정하고 보충할 수 있다. 바로 그 점에서 그것은, 김우창에 따르면, "사실의 전체성에 조금 더 쉽게 접근할 수 있는 도구"가 된다.

그러므로 언어적 교정 가능성에서 오는 가장 큰 교훈은 "관용성의 교훈"이다(6쪽). 그러니까 그의 믿음은 사실의 전체성에 대한 언어적 접근의 가능성, 이런 접근을 통한 언어적 미비의 교정 가능성에 있고, 언어적 교정 가능성에 대한 이 믿음이 있기에 관대해질 필요가 있다고 그는 생각한다. "그러나 우리가 아무리 언어의 무력함에 절망한다고 하여도, 대화와 설득에 의한 삶의 확대가 불가능한 것이라면 말은 무엇에 쓸 것인가?"

관용성이란 너그러움이다. 사람과의 관계에 적용되면 그것은 겸손함으로 나타날 것이고, 이 겸손함이 태도 속에 내장될 때, 그것은 삶의 윤리적 자세, 즉 에토스가 될 것이다. 이 에토스적 태도 속에서 삶은 그 자체로 살 만한, 그래서 행복하고도 아름다운 어떤 것이 될 것이다. 그리고 이런 태도가 사람과의 관계에 적용되면, 그것

　　　　　　　　　　　　　　사무사 思無邪

은 자만심과 경멸을 줄여줄 수도 있다. 그런데 관용과 너그러움 그리고 겸손과 같은 미덕에 대한 강조는 도덕주의적 성향이 강한 한국 사회와 같은 곳에서는 한번 짚고 넘어갈 필요가 있다. 그만큼 주의注意와 제한이 필요한 까닭이다.

겸손이 필요한 것은, 흔히 생각하듯이, 단순히 누군가에게 우호적이거나 친절하기 위해서만은 아니다. 그것은 오히려 관련되는 사안이나 경험의 내용을 좀 더 깊게 헤아리게 하는 것이기에 필요하다. 잘못된 일에 대하여 겸손의 마음이 아니라 경멸감과 자만심으로 대하는 경우를 우리는 흔히 보지만, 이런 경우 대응 방식이 반드시 잘못된 것이라고 말하기는 어렵다. 그러나 그렇게 자만한 사람의 생각이 더 이상 진척되기 어렵다는 것은 자명하다. 그리하여 잘못된 일에 대한 섣부르고 거만한 반응 역시, 마치 이 잘못된 일처럼 잘못되어버릴 가능성이 높다. 경멸감을 가지고선 사안의 복잡한 굴곡을 더 섬세하게 파악할 수 없기 때문이다. 작가 김동인이 한국 사회의 비이성적 구조를 한편으로 풍자적으로 묘사하면서도, 다른 한편으로 그 자만심 혹은 경멸감으로 인해 이 병리적 구조의 온전한 맥락을 파악하는 데 실패했다고 김우창이 진단하는 것도 이와 연관된다고 할 것이다(108쪽). 자만심으로는 대상을 깊게 이해하지 못한다. 이렇듯이 겸허함은, 그것이 굳이 강조되거나 훈시되지 않더라도, 사안을 복합적으로 파악하게 하는 유용한 면을 분명히 가진다.

핵심은 너그러움이 사안을 듬성듬성 혹은 대충 넘어가자는 뜻은 결코 아니라는 데 있다. 오히려 그 반대다. 필요한 것은 관대함에도 불구하고 견지되는 직시다. 말하자면 현실과의 정면대결이고, 정확한 이해이며, 앞서 언급했듯이, 사실과의 부단한 싸움이다. 그리고 현실 직시의 자기 원칙 속에서 타인에게 얼마나 관대함을 견지할 수 있는가가 참으로 중요한 것이다. 사랑은 모든 심판의 기준을 철폐하는 것은 아니라고 김우창은 쓰지 않았던가? 이것은 안수길이 『북간도』에서 민족 주체성이나 자주성에 대한 중대한 기록이자 증언을 하고 있음에도 불구하고 갈등을 관대하게 처리함으로써 상황의 정확한 이해에 도달하지 못했다는 평가에서 잘 드러난다. 김우창은 이렇게 쓴다.

> 이 책에서도 취급되어 있는 만보산萬寶山 사건에 당하여 인천 등의 반중국인反中國人 선동을 보면, 각 민족의 민족주의는 같은 종류의 것이라 할 수 있을는지 모른다. 한국인의 자주권에 대한 요구와 일본의 제국주의가 이질적이며 차원을 달리하는 것으로 생각될 때, 비로소 두 세력의 갈등은 날카로운 대조로서 나타날 수 있다. 이것이 가능하기 위해서는 이 두 세력은 (그 갈등에서 생기는 결과만이 아니라) 윤리적인 차원에서 저울질되지 않으면 안 된다. 안수길 씨가 『북간도』에서 실제로 모든 것을 용서하고 있다고 말할 수는 없지만, 단지 여기서 우리가 지적하고 싶은 것은 이 소설의 상황이 내포하고 있는 갈등의 가능성이 충분히 예각적으로 제시되지 못했다는 것이고, 그것은 갈등을 일으키고 있는 세력에 대한 깊이 있는 성찰이 부족하기 때문이라는 것이다. 그리고 윤리적·철학적

차원의 결여는 이 소설의 보편적인 가치를 현저하게 떨어뜨린다.
(204쪽)

김우창이 지적하는 핵심에는 갈등의 현실과 그 가능성에 대한 소설
적 형상화의 필요성이 있다. 왜냐하면 갈등의 소설적 첨예화는 곧
이 갈등의 본질을 인식하는 의식의 첨예함이기 때문이다. 갈등의 첨
예화가 없다는 것은 "갈등을 일으키고 있는 세력에 대한 깊이 있는
성찰이 부족"하다는 뜻이다. 이런 상황에서 주체적 질서에 대한 한
국인의 민족적 요구가 청국의 자기주장이나 일본의 제국주의적 주
장과 다르기는 어렵다. 어설픈 인식 속에서 대의와 명분은 평준화되
고, 현실의 전략이나 권력관계는 상당 부분 은폐되어버린다.

　갈등을 구성하는 사안과 요소들은 가능한 한 선명하게 범주적
으로 구분되어야 한다. 사안에 대한 개념적·범주적 구분이야말로
인식의 명료성을 가져다주고, 사안을 바르게 이해하도록 하기 때문
이다. 그러면서 이렇게 구분된 범주들은 다시 하나의 통합적 관점
아래 총체적으로 파악되어야 한다. 관점의 이런 절차적 과정이 없다
면, 그 어떤 논의나 시각도 자기중심적 자기만족적 굴레를 벗어날
수 없다. 그러니 그것이 보편적 차원에 이르지 못할 것은 자명하다.
"윤리적·철학적 차원의 결여는 이 소설의 보편적인 가치를 현저하
게 떨어뜨린다."

　그러므로 너그러움의 전제조건은, 다시 한 번 강조하여, 예각
적 분별력이다. 나는 이 책의 1장 제목을 「철저성」으로 잡고, 그 첫

절의 제목을 '자기 물음'으로, 그 두 번째 절의 제목을 '감정의 정확성'이라고 이름 붙였지만, 예각적 분별력이란, 줄이자면, 자기 물음을 통해 자기감정에 최대한의 정확성을 기하려는 성찰적 노력에 다름 아니다. 그것은 이것도 좋고 저것도 좋다는 무원칙적 허용이 아니라, 구분과 분리의 사고력을 통한 종합적 수용력이다. 그것은 정확한 판단력을 요구한다. 사안에 대한 철학적 이해나 윤리적 실천의 가능성은 이 판단 과정에 개입한다. 그러니까 철학적 사고와 윤리적 판단의 과정을 거치지 않으면 삶의 갈등은 그 선명한 윤곽을 드러내지 못하는 것이다. 김우창은 이 점을 분명히 의식한다. "그러나 우리는 이해하고 용서하는 일과 판단하는 일은 별개의 것이라는 것을 상기해야 한다"(205쪽).

갈등의 계기와 양상에 대한 안이한 인식 아래에서 갈등은 무한정 반복된다. 『북간도』의 인물들이 현실의 사건과 능동적으로 대결하지 못하고 그에 휩쓸리는 것도 이런 까닭에서다. 관대함이란 아무런 구분 없는 허용이나 무조건적 사랑의 설파가 결코 아니다. 정열이 객관화되지 못하면 언제든 맹목이 되듯이, 민족주의 역시 정밀하게 검토되지 못하면 제국주의로 타락한다. 반성되지 못한 이념은, 그것이 민족주의로 불리든 제국주의로 불리든 혹은 전체주의로 불리든, 언제든 폭력화한다.

나는 3장 「움직임」에서 '움직이는 사고'란 변증법적 사고이고, 그것은 김우창의 구조적 사고력에서 나온 것이며, 이 사고는 사실에 밀착하여 모순에 주의하고 모호성을 존중하는 가운데 현실을 규명하려는 데서 나온 것임을 언급했다. 이때 움직이는 사고란 곧 반성적 의식이다. 사람은 반성적 의식에 기대어 말과 행동, 내면과 실천의 분리를 줄여갈 수 있고, 이렇게 줄여가면서 감정과 현실의 단순화를 피할 수 있다. 왜냐하면 그는, 적어도 이상적인 경우의 주체는, 일정하게 내면화된 원칙 아래 자유롭고 창조적으로 행동하려고 하기 때문이다. 그리하여 그가 말하는 선의나 도덕 혹은 정의의 개념은, 예를 들어 이광수의 문화주의가 보여주듯이, 공소한 수사修辭에 그칠 가능성이 적다. 그는 자기의 말을 행동 속에서 비춰보고, 그 언어를 나날의 생활 가운데 부단히 되돌아볼 것이기 때문이다. 반성되지 않으면 행동은 편향되고, 사고는 독단이 된다. 의식의 반성화가 감각과 사고와 언어의 사물화를 막는 것이다.

그렇다고 해서 반성적 의식이 만병통치약이라는 것은 물론 아니다. 예를 들어 일제 시대에 그것은 제국주의적 식민 문화 안에서 매우 제한적으로 작동했을 터이고, 그 점에서 삶의 근본적 사물화—억압적 강제 질서는 극복될 수 없었을 것이다. 거기에 합리적 공공성은 물론이거니와 자유로운 개인 생활이나 내면성을 위한 여지는 거의 주어지지 못했기 때문이다. 이 점에서 보면, 반성적 의식보다 우선시되어야 할 것은 정치적·제도적 조건이고 경제적 현실이며 물적 토대의 완비이다. 그러면서 거꾸로 이러한 정치사회적·경제적 조건을 구비하는 데 반성적 의식이 어떤 적극적이고도 생산적인 역할을 할 수 있다는 것도 사실이다.

이런 관점에서 보면, 자유란 어떤 진공 상태 혹은 화해의 영역에 자리한 것이 아니라 갈등의 현장으로부터, 모순과의 피로한 싸움에서, 그리하여 삶의 균열을 직시하는 가운데 생겨나는 것이다. 그렇다고 한다면, 참으로 중요한 것은 모순과 균열과 불일치로서의 현실을 회피하지 않는 일이다. 이것은 모순과 균열과 불일치와 어떻게 대결할 것인가의 문제다. 왜냐하면 이 모순이 삶의 갈등과 희생과 고통을 야기하기 때문이다. 그러나 다른 한편으로 그것이 완전히 그리고 영구히 해소될 수 없는 것이라면, 우리는 어떤 운명론적 한계 속에 있다고 볼 수도 있고, 이 한계의 일부를 수락해야 하는 조건 안에 있는 것이며, 따라서 어떤 것은 감당하고 긍정해야 하는 것이기도 하다(이것은 「생명주의」라는 장에서, 정현종이나 서정주 그리고 김수영의 시에 대한 시평과 관련하여, '불가항력적 조건과 긍정'이라는 제목으로 다룬 적이 있다). 그러면서 이런 긍정 속에서도 동시에 현실의 쇄신과 변화를 꾀하는 일을 미루어선 안 된다.

이것은, 「한국시와 형이상」에서 김우창이 지적했듯이, 한국 현대 시의 실패란 경험의 모순을 고려할 수 있는 사고 구조의 실패라는 대목에서도 부분적으로 다루어졌다. 이것은 더 나아가면, '민족'이나 '통일', '평화'나 '평등' 혹은 '정의'와 같은 이념을 선호하는, 그래서 이런 이념의 선창과 제시로 모든 것이 해결될 수 있는 양 여기는 한국 사회 특유의 명분주의 혹은 순결주의 병리학에서도 확인되는 일이다.

이념의 순결성을 고집하는 것은 역설적으로 그만큼 우리 사회가 순결하지 못하고 불공정하다는 뜻이기도 하다. 이러한 이념의 표피성에는 말할 것도 없이 피상적 감정과 불철저한 사고가 자리한다. 그리고 이 모든 파편화된 감정과 사고와 이념은 한국 사회의 전반적 외양화-허세화-내용 부실로 이어진다. 명분주의의 강고한 체계에도 불구하고, 아니 바로 이 강고한 아집 때문에 사회의 모순은 끊임없이 은폐되고, 이념의 불순성과의 정면대결이 끊임없이 유보되는 것이다. 그리하여 부정의不正義와 어떻게 만나고 대결할 것인가라는 참으로 중대한 문제의식은 거짓 정열의 구호 아래 파묻히고 만다. 그러나 삶의 조화는 모순과의 대결에 있고, 인간의 자유는 균열과의 싸움에 있다.

문학의 길도 마찬가지다. 시와 소설이 세계의 전체와 만나는 것은 현재하는 모순과 균열을 일정한 방식으로 상징화하고 표현함으로써다. 이 모순의 표현을 통해 문학적 주체는 주어진 현실을 그 나름으로 변형하면서 창조한다. 이때 창조는 세계의 창조이면서 자기 자신의 창조이기도 하다. 문학적 표현은 주체에 일관된 형식을 부여함으로써 자기 삶을 어떤 원칙 아래 살게 한다. 그래서 그는 스스로 변하는 가운데 세계를 변화시키는 실천적 주체가 된다.

창작이든 해석이든, 혹은 이런 해석을 통한 비평적 반성이든, 이 모든 문학적 활동은 자기 속에서 전체에 참여하는 가운데 자신의 자유를 실행하는 일이다. 이 문제적 개입은, 거듭 말하거니와, 한계 속의 가능성에 대한 탐구다.

상호유대

반성적 의식 아래 김우창은 일정한 믿음을 간직하고자 한다. 이때의 믿음은, 그것이 구체적 대상을 향한 것이라기보다는 현실의 전체—세계를 향한 것이다. 그러니만큼 이 세계 신뢰는 일면적인 것이 아니라 전면적이다. 또 상대적이라기보다는 차라리 절대적이다. 여기에서 '절대적'이란 '불가피하고 불가항력적인'이라는 뜻이다. 왜냐하면 그것은 우리가 살기 위해서 좋든 싫든, 혹은 의식적이든 무의식적이든, 혹은 암묵적이든 명시적이든 '가지지 않으면 안 되는 종류의 것'이기 때문이다. 그 점에서 일방적인 것이기도 하다.

세계 신뢰는 눈으로 보고 손으로 잡을 수 있는 구체적 대상에 대한 것이면서 더하게는 이런 대상을 둘러싼 테두리, 윤곽, 환경 그리고 조건과 토대에 관한 것이다. 그래서 모호하고 또 막연한 것이기도 하다. 또 그 때문에 헛될 가능성도 크다. 게다가 생계 현실적 급박성 앞에서 전체/전체성이란 얼마나 불분명하고 무책임한 말인가?

그러나 지금 여기와 이 현재의 앞과 뒤는 서로 연결되어 있고, 과거와 미래는 현재적 순간 속에서 이어져 있다. 그렇듯이 나와 너는, 자아의 열린 구조와 관련하여 앞에서 언급했듯이, 서로 겹쳐 있고, 자아와 타자는 상호삼투적이다. 부분과 전체는 변증법적으로 지양되는 것임을, 그래서 개인의 객체화/사회화를 말할 수 있듯이, 사회의 주체화/내면화를 말할 수 있고, 이 개인의 객체화는 단순히 설명되어야 할 것으로 머무는 것이 아니라 세계 자체의 존재론적 성격

사무사 思無邪

임을 우리는 이미 살펴보았다. 그렇다는 것은 나와 이웃의 공존—사회적 유대를 위한 노력도 어떤 외적 의무감에서가 아니라 삶을 위한 하나의 필연적 조건이 된다는 뜻이다. 이것을 김우창은 '본래적으로 있는 실존적 결속'이라고 표현한다. "사람과 사람의 진정한 화해를 위한 노력에 있어서 전체성의 회복은 밖으로부터의 강제에 의하여서가 아니라 본래의 나와 남 사이에 있는바 실존적 결속을 통한 안으로부터의 호소에 의한 것이라야 한다"(400쪽). 상호유대를 위한 전체성의 회복은 마땅히 실존적 삶의 내적 필요로부터 시작되어야 한다.

주체의 근본적 타자성, 나와 남의 얽힘, 부분과 전체의 삼투 상태는 세계의 그물망적 구조, 이 구조의 필연성을 생각하게 한다. 우리가 세계에 대한 신뢰를 저버릴 수 없는 것은 이 필연성 때문이다. 이 필연성은 이를테면 신적 필연성과 어떻게 다른 것일까? 세계 신뢰는 종교적 신앙과 어떻게 구분되는 것일까? 그것은 쉽게 답변하기 어려울 듯하다.

간단히 언급하자면 이렇다. 세계 신뢰는 나 아닌 대상에 대한 불가항력적 투여라는 점에서 종교와 유사하다. 그러나 그것이 절대적 존재를 상정하기보다는 물리적 바탕을 향해 있다는 점에서 종교와 구분된다고 할 수 있다. 세계 신뢰는 차라리 무심한 자연사의 과정에 대한 것이다. 그러면서 여기에는 생멸의 과정에 대한 전적인 체념과 포기 그리고 그로 인한 의존이 자리하고, 바로 그 점에서 그것은 '신앙적'이라고 할 수도 있다. 근본적으로 보면, 논리와 이성의 초라함과 언어의 근본적 한계를 인정한다면, 우리는 어떤 미흡감 속에서 공포와 전율 없이 살기 어렵다. 그래서 이 내던져진 세계에서 우리에겐 '믿는 도리'밖에는 아무것도 남아 있지 않음을 발견하게 된다. 그리하여 결국, 신앙을 가졌건 가지지 않았건 간에, '믿는 대로 될 것이다'고 되뇔 수도 있다.

사실 인간 실존의 유한성과 죽음, 자연사적 경과와 세계 신뢰, 신과 신앙, 불가지론不可知論, 운명, 자유와 필연성 그리고 무한성 등의 개념은 매우 착잡하게 얽혀 있다. 그렇다면 필요한 것은 필연적 조건의 자발적 수락과 이 수락 속에서 가능한 자유의 가능성에 대한 탐구가 될 것이다. 그림자에서 그늘을 보는 사람도 있고, 빛의 존재를 예감하는 사람도 있다.

세계 신뢰에서 그 신뢰란 어떤 것인가? 그것은, 세속적 인간학의 관점에서 해석하면, 현재의 세계가 지금까지보다는 조금은 더 진실되고 또 선하며 아름다울 것이라는, 더 진실되고 선하며 아름다울 수 있다는, 아니 그렇게 되어야 한다는 믿음이다. 그리고 이런 믿음을 가진 사람들이 나 이외에도 있을 것이며, 나아가 이런 믿음 속에서 나와 타인, 주체와 객체, 인간과 인간, 인간과 자연이 하나로 이어져 있을 것이라는 것이다. 이 같은 심정적心情的 유대를 통하여 자연은 인간의 삶과 동질적이라고 김우창은 서정주론에서 쓴 적이 있다 (227쪽).

이렇듯이 자연의 삶과 인간의 삶은 깊게 이어지고, 이 이어짐 속에서 인간은 자신을 자연의 일부이자 그 자체로 느낀다. 인간과 자

　　　　　　　　　　　　　　　　사무사 思無邪

연 사이에 가로놓인 이 근원적 유대에의 상기는 바로 시와 문학의 근본 이념이기도 하다.

> 문학은 삶의 공통적 근거를 통하여 이루어지는 '나'와 다른 '나'와의 교감이다. 그것은 이 공동 근거에 입각하여 우리의 이 근거에의 복귀를 호소하고, 또 우리가 현재의 있음 그대로 이미 거기에 서 있음을 상기시킨다. (「나와 우리」, 400~401쪽)

> 조금 좁혀 말하면, 문학의 원초적인 이념은 인간의 상호유대로써 선험적인 도덕체계를 대치하려고 하는 것이라 하여도 좋다. 그리하여 문학은 인간 존재에 도덕주의가 아니라 참다운 윤리성을 회복시키고자 하는 것이다. (「한용운의 소설」, 171쪽)

문학의 언어는 외적으로부터 부과되는 강제적 언어가 아니다. 그것은 삶의 근거를 상기하고 스스로 깨달아 그 본래성으로 돌아갈 것을 촉구하는 자발성의 언어다. 그것은 나와 남이 서로 어울리고, 부분과 전체가 근본적으로 얽혀 있으며, 개인과 사회가 하나의 평화로운 울타리 안에서 공존해야 할 것을 안다. 아니 단순히 아는 데 그치는 것이 아니라 이를 장려하고 촉구하며 호소한다.

　그러나 그렇다고 해서 문학의 언어가 그저 존재하는 것들의 연속적 관계만 강조하는 것은 아니다. 그것은 이 관계의 근본적 동일성을 기억하지만, 이 기존의 동질성을 내세우는 언어가 현실의 갈등을 은폐한다는 사실 또한 인식한다. 전체주의 질서는 이런 정치적 오용의 대표적 사례다. 그러므로 문학은 삶의 공존적 유대를 선창하는 데 자족하는 것이 아니라 문제 제기 속에서 옹호하는 것이다.

어떤 이념도 그 자체로 옳거나 좋다고 해서 무조건적으로 받아들여질 수 있는 것은 아니다. 이념은 그 자신의 현실적 적용 가능성을 고려해야 하고, 그 오용과 타락의 위험성도 대비해야 한다. 그것은 나날의 현실 속에서 여하한의 권력관계적 개입에 맞설 수 있어야 한다. 또 이렇게 맞서서 자기를 지켜낼 수 있어야 한다. 현실의 검증은 그래서 필요불가결하다. 어떤 것의 정당성은, 그것이 자기의 진실성을 경험과 현실 속에서 입증할 수 있을 때, 비로소 얻어지는 것이다. 현실을 이겨내지 못한다면, 이념은 이데올로기가 될 뿐이다. 진선미에 대한 문학의 접근은 미리 규정된 계율이나 밖으로부터 부과된 원칙을 통해서가 아니라 지금 여기의 현재적 경험에 충실함으로써 이루어지고, 이때의 충실은 모든 것이 서로 이어져 있다는 상호유대의 세계 신뢰 아래 이루어진다.

여기에서도 갈등이나 오해 그리고 투쟁이 없을 수 없다. 단지 이때의 갈등이나 투쟁은 어떤 도식적 틀 아래 일어나는 것이 아니라 넓은 지평—인간의 사회적·자연적 조건을 고려하는 가운데 소화되어야 한다. 그 점에서 그것은 도덕주의와는 다른 방식으로 윤리적인 것이다. 중요한 것은 어떤 선험적 의미 체계가 아니라 인간 삶의 근본적 상호유대이고, 이런 유대의 공동 근거에 대한 지속적인 상기다. 이런 전언을 좀 더 생생하게 표현할 수는 없을까?

오늘은 2010년 8월 중순의 어느 날이고, 지금은 오후 1시다. 얼마 전이 광복절 65주년이 되는 날이라고 했고, 올해는 이 땅이 일제의 식민지가 된 지 꼭 100년이 되는 해다. 나는 서울의 동북쪽, 한 모퉁이에 살고 있고, 이곳 어느 방에 앉아 이 글을 쓰고 있다.

나는 점심을 먹고 찬 커피를 한 잔 타서 거실에 앉아 있다. 열린 베란다 문으로는 바람이 한 차례 밀려들고, 잠잠하던 매미는 이 바람에 제 울음을 마치 소낙비처럼 날려 보내고 있다. 그러다가 바람이 밀려가버리고 나면, 약속이나 한 듯이 그 울음은 다시 잠잠해진다. 간밤에는 60밀리리터의 비가 이곳에 쏟아졌다. 그래서인지 창밖으로 보이는 하늘은 더 없이 파랗고, 대기에는 먼지 한 점 없는 듯하다. 이 파란 허공을 고추잠자리 수십 마리가 어지러이 날고 있다. 다시 바람이 한 차례 불어오고, 이 바람결에 매미는 또 울기 시작한다. 포르테, 피아노포르테. 나는 지금 바흐의 〈평균율 클라비어〉를 들으며, 며칠 전부터 버지니아 울프가 쓴 『작가의 일기』를 읽고 있다. 짬이 날 때마다 조금씩 아껴 읽는 이 마음. 바흐의 피아노 선율과 매미의 울음과 울프 글에 배인 어떤 리듬. 나는 이들 사이에서 내 삶의 선율을 찾고 있고, 또 만들어가고 있다.

여전히 후텁지근한 날씨지만, 그러나 이 무더위 속에도 어떤 시원한 기운은 스며 있다. 이제 여름도 떠날 차비를 하고 있는 것인가. 이 계절의 담장 너머로 어느새 가을이 기웃거리고 있는지도 모른다. 여름과 가을의 경계점에 선다는 것, 계절 추이의 최전선에 선다는 것은 가슴 두근거리는 일이다. 삶의 기쁨. 살아 있다는 어느 한나절의 순간적 행복. 아마도 이 여름의 햇살과 가을의 선선함은 조선인이 해방을 맞을 때에도 찾아들었을 것이고, 선사시대 이 땅의 사람들도 오늘의 구름과 하늘을 보았을 것이며, 우리의 피부에 와 닿는 지금의 이 바람을 맞고 우리가 듣는 이 매미 소리를 들었을 것이다.

이 바람과 하늘과 구름, 매미 소리와 계절의 추이는 그 어떤 가치나 이념보다 이 땅에 먼저 있는 근원적인 것이고, 나의 지금 시간은 이 모든 것과 어울리며 함께 자리한다. 우리의 생애는 이 근원적 바탕 위에 머무는 잠시의 궤적에 불과하다. 탈식민화를 위한 인간해방의 길도 이 바탕의 상기와 무관하지 않을 것이다.

그러므로 필요한 것은 자신의 정당성을 현실에 비추어 증명하면서 '동시에' 실존적 결속을 위한 바탕으로서의 공동의 유대를 부단히 상기하고 기억하는 일이다. 믿음은 검토되고, 믿음의 믿음도 검토되어야 하지만, 나와 세계, 인간과 자연의 공동 근거에 대한 세계 믿음은 이성적 검토를 넘어서 있는지도 모른다. 여기에서 배울 수 있는 것은 인간 해방의 가능성도 다양한 방식으로 이루어질 수 있다는 사실이다. 그것은 정치적인 실천적 차원에서 직접 이루어질 수도 있지만, 간접적으로 그러면서 더 넓은 관점 아래 이루어질 수도 있다. 문학과 도덕, 시와 정치의 관계, 그리고 인간 삶의 윤리적 완성도 마찬가지다.

아마도 존재하는 것들 사이의 공존적 바탕과, 이 공존적 바탕으로 가능한 상호유대를 생각할 수 있다면, 문학의 정치적·윤리적 가능성은 지금보다 더없이 폭넓어질 것이다. 문학처럼 비평도 사고의 확대와 심화의 이 같은 가능성을 고려할 수 있어야 한다. 그것이 다음에 다루어질 '시의 마음'이고, '사회의 이성적 마음'이다. 이 모두는 마음의 공간을 어떻게 생각하고 또 다스리느냐에 달려 있을 것이다.

시의 마음, 사회의 마음

> 우리가 살고 생각하는 세계Lebenswelt에 있어서 사물은 늘 마음의 가능성으로서 나타난다.
>
> 김우창, 「사고와 현실」, 『궁핍한 시대의 시인』, 325쪽

시의 마음을 얘기하려면, 우선 시 혹은 시적인 것은 무엇인가를 알아야 한다. 시 혹은 시적인 것은 무엇인가? 그것은 무엇이라고 할 수 있을까? 사실 이것은 문학이란 무엇이고, 예술이란 어떤 것인가라는 질문만큼이나 예술철학적으로 근본적인 문제다.[8] 그러니 간단할 수 없다. 잠시 돌아가자.

    읽을 때마다 느끼는 것이지만, 한용운론인 「궁핍한 시대의 시인」이나 윤동주론인 「시대와 내면적 인간」의 결론 부분은 늘 애잔한 여운을 내게 남긴다. 그러나 이 애잔함은 감상적인 것이 아니다. 그것은 자족적이거나 자기 탐닉적이지 않다. 오히려 그것은 절제

[8] 나는 김우창과 관련하여 이 주제를 다룬 적이 있다. 문광훈, 「시적인 것: 김우창의 심미성의 근원」, 『김우창에 이르는 여러 갈래의 길』, 생각의나무, 2004, 203~70쪽 참조.

된 감성이 지극히 건조하고 논리정연한 문체에 실려 표현된다. 감정주의란 한국 시 그리고 문학 일반의 가장 중대한 결함이라는 것을 김우창은 누차 지적한 바 있지만, 윤동주의 시를 평할 때도 그는 칭송에 그치는 것이 아니라 이런저런 한계도 지적한다. 그리고 이러한 지적은 다시 힘겹게 이루어진 성취에 대한 언급과 이어져 있다. 그는 시인의 미비와 함께 업적도 고려하고, 이렇게 도달한 영광이 어떤 불가항력적인 비극에도 불구하고 이루어진 것임을 강조한다. 그의 평문이 긴 여운을 남기는 것은 이 균형 잡힌 대조와 이 대조 속에서 행해지는 깊이 있는 천착 때문인지도 모른다. 말하자면, 그의 비평은 가능성과 한계 사이의 긴장으로부터 획득된 정신의 평형 상태에서 생겨난 것이다. 이런 균형이 있기에 그런 논평을 받는 작자에겐 찬사뿐만 아니라 비판도 최상의 논평이 되지 않았나 여겨진다.

김우창 비평의 균형의식에는 감상이나 자기 연민이 없다. 그는 늘 과장된 감정에 기반을 둔 자기 기만의 가능성을 경계하기 때문이다. 그것은 정신의 어떤 결기決氣에 다름 아니다. 그의 정신이 '아름답다'라고 한다면, 그것은 바로 이 점에서 아름다운 것이라고 나는 생각한다. 말하자면 거기에는 여하한의 수사와 감정의 군더더기를 걸러낸 이후에 남는 어떤 단출함 혹은 질박함이 있다. 아무런 장식이나 분장이 없고, 그 어떤 의도나 목적도 마침내 배제해버린 듯하다. 그래서 허허롭고 초연하다.

김우창의 아름다움은 사심 없는 초연함에서 나온다. 비평의 언어가 초연함을 가진다고 할 때, 그것은 무슨 뜻인가? 그것은 그 언어

　　　　　　　　　　　　　　　　사무사 思無邪

가 무엇을 과시하거나 누군가를 부리려는 것이 아니라 사안의 실상과 그 진실성에 복무한다는 뜻이다. 거기에는 그 어떤 지배나 권력, 명예심이나 성공에 대한 관심이 없다. 그것은 흔해빠진 사고나 감각 그리고 도식적인 틀을 거스르면서 삶을 늘 새로운 면모와 가능성 속에서 파악하고자 하기 때문이다. 어떤 것도 진부한 채로 반복하진 않겠다는 것, 매 순간 매 단어와 문장 속에서 사실의 너머를 바라보고 현실의 숨겨진 면모를 드러내며 삶의 새로운 가능성을 모색해보겠다는 것이다. 편견을 줄이고 독단을 막으려는 이러한 언어는 여하한의 지연과 학연 그리고 집단주의로부터 거리를 유지하지 않으면 얻어질 수 없다. 이때의 거리란 물론 이미 주어진 조건이나 전제로부터 이익을 보지 않겠다는 의지다. 혹은 고통이나 불이익을, 그것이 현실이라면, 받아들이겠다는 것이고, 이렇게 받아들이면서도 삶의 어떤 다른 가능성을 탐색하겠다는 것이다. 그래서 그것은 일체의 특권의식을 배제한다. 그가 상황이나 일에서 자기 자신을, 아무런 지위나 성취의 휘광에 기댐 없이, 그저 자기 자신으로 입증하고자 하는 것은 그 때문일 것이다. 이것은 앞에서 말한바, 세계 신뢰 없이는 불가능하다.

김우창은 세계 신뢰 속에서 사심 없는 초연함을 유지한다. 이 초연함이 일체의 사익적 관계로부터, 그리고 이 관계가 내장하는 편향적·독단적 가능성으로부터 그의 관점을 방면시켜주고, 그럼으로써 사고의 깊이와 넓이를 보장해준다. 그는 누군가를 편들거나 어느 한쪽에 서서 특정 입장을 대변하지 않기 때문이다.

김우창은 자기가 잘 알아오거나, 말하자면 '친하게' 지내는 사람들에게도 늘 적확하게, 불필요한 과장이나 미화 없이, 늘 정확하고 정직하게 말을 한다. 이것은 평범한 사실 같지만, 그러나 평범한 것이 결코 아니다. 누군가를 잘 알면, 혹은 누구와 친하게 지내면, 우리는 자주 그 사람의 입장에서 말하기도 하지 않는가? 그러나 상대방의 입장을 '이해하려고 노력한다'는 것과 '편든다'는 것은 분명 다르다. 상대에 대한 이해가 어떤 편향성이나 당파성이 아닌 연민과 유대의 표현이 되게 하기란 얼마나 어려운 것인가? 여기에는 너그러움과 아울러 절제의 기율이 필요하다. 너그러움이 이런 태도의 대상 관련적 측면이라면, 절제는 그것의 주체 관련적 측면이라고 할 것이다. 여기에서 그의 관점은 단순히 비평적 차원에 그치는 것이 아니라 하나의 태도, 즉 삶의 윤리적 차원으로 고양된다.

김우창은 그 어디에도 집착하거나 맹신하지 않는 듯하다. 관련되는 사안을 그때그때 곰곰이 따져보고 헤아리며, 이렇게 헤아린 후에야 자신의 생각과 논리를 진전시키며, 이 진전의 결과에 따라 사안을 진단하고 해명한다. 그리고 이렇게 해명된 결과란 여러 가능성 가운데 하나에 불과함을 잊지 않는다. 더욱이 이때의 언어는 주장하는 것이 아니라 해명하는 것이고, 대답하는 것이 아니라 질의하는 것이며, 확신하는 것이 아니라 회의한다. 그럼으로써 결국 자기가 논평한 대상뿐만 아니라, 이런 자기의 논평 내용으로부터도 거리를 유지하는 것이다.

이것은 무엇인가? 이것을 나는 '자유의 몸짓'이라고 표현하고 싶다. 아니다. 자유의 '몸짓'이 아니라 '실행'이다. 자유의 실천으로서의 언어. 언어는 자유의 실천 속에서 완성된다. 여하한의 특권적 지위를 이용하지 않고, 처음처럼 언제나 새로운 지평 속에서 자신을 입증해가는 외로운 자기 투신—이것을 자유라고 말하지 않는다면, 자유란 대체 어디에서 찾을 것인가? 비전략적이고 무목적적 초연성은 더 넓은 삶의 토대—생존 현실의 근본적 유대에 대한 믿음에 의해 뒷받침된다. 초연의 자세도 타자적 지평에 대한 의식에 의해 지탱되는 것이다. 삶의 공동 근거에 대한 믿음이 없다면, 우리는 어떻게 더 진실되고 더 선하며 더 아름다운 바탕을 꿈꿀 수 있겠는가?

사심 없는 초연함, 그리고 이 초연함을 통한 주어진 특권의 자발적 포기란 자유로운 인간으로 살아가기 위한 근본 조건이다. 인간은 이 조건 속에서 비로소 소박한 삶을 살 수 있을지도 모른다. 이 소박함은 김우창이 바로 윤동주의 시나 피천득의 수필에서 읽어낸 바이기도 했다. 소박함이란 담담하게 살아가는 삶의 모습이고, 그러기에 그것은 아름다우며, 그 때문에 그것은 절제된 에토스의 표현이다. 소박한 생활에서 아름다움은 이미 삶 안에 육화되어 있는 것이다.

소박한 삶과 절제된 에토스는 김우창의 비평 언어가 어떤 의도나 목적에서 벗어나려 하고, 실제로 벗어나 있기 때문에 가능한 것이다. 그것은 말할 것도 없이 최대한의 객관성을 향한 것이다. 객관성을 향한 에너지가 과학의 정신이라면, 명징성은 이 정신의 내용이 될 것이다. 그리고 수사가 배제된 즉물적이고 무심한 말은 이 명징한 과학의 정신을 담는 매체가 될 것이다.

즉물적 언어, 명징성의 정신 그리고 객관성의 추구 밑에는 무심함과 담담함이 깃들여 있다. 이 무심한 세계는 자연의 염담성廉澹性을 닮아 있다. 자연의 염담성이란, 가장 간단히 말해, 있는 그대로의 세계다. 그래서 거기에는 진위와 선악도 없다. 그것은 좋고 나쁜 것의 구분도 넘어서기 때문이다. 나아가 그것은 '청렴결백'이나 '독야청청'이란 구호로도 포괄되기 어렵다. 그것은 이미 일체의 가치를 벗어난 무한한 존재의 세계이고, 이 세계에서는 오직 과정만 자리하는 까닭이다(이와 관련하여 인仁이 중요한 것은, 그것이 선악을 넘어서는 것이기 때문이고, 이 무한한 세계는, 그것에 좋고 나쁜 것이 없다는 점에서, 하나님의 윤리, 나아가 막스 베버가 말한 '품위를 던져버린 윤리 Ethik der Würdelosigkeit'와 상통한다고 2010년 한 모임에서 김우창은 언급한 적이 있다). 자연의 소박성은 진위와 선악의 척도뿐만 아니라 윤리와 품위마저 넘어선 세계인 것이다. 그리하여 이 자연세계에 대한 가장 큰 경의의 방법은 아마도 그냥 그대로 두는 것이 될지도 모른다. 나아가 그대로 자리하는 이 세계가 그 자체로 더없이 존귀함을 아는 것이다. 이렇게 알 때, 우리는 각자의 자기 삶도 이 담담한 자연의 일부에 맞게 조직하려고 할 수 있다.

그러므로 중요한 것은 인간이 선악의 세계에 사는 것이 불가피하지만, 이를 넘어서는 세계가 있다는 것을 아는 것이다. 이 무심한 세계는 사악함이 없는, 아니 사악함이 없다기보다는 이 사악함을 의식하지 않는, 그래서 그것을 벗어난 자연의 염담한 세계이고, 그 때문에 그것은 초월적·형이상학적 지평으로 열려 있다. 이 점에서 김우창의 비평은 '생각함에 사특함이 없는 정신', 즉 사무사思無邪의 정신으로 추동된다고 나는 생각한다. 그것은 염담의 초월 세계로 열려 있는 염담한 정신의 궤적이다. 그의 사무사의 언어는 늘 지금 여기로부터 이 경험적 차원을 넘어 형이상학적·초월적 차원으로 이어진다. 김우창의 언어와 사고는, 적어도 궁극적으로는, 이 사무사의 초연한 지평을 지향하거나, 최소한 이 지평을 움직일 수 없는 글의 배경으로 늘 의식한다.

삶의 현실에서는 물론 선악과 진위 그리고 호오好惡의 구분이 불가피하다. 그러나 이런 구분을 넘어서는 질서도 이 세계에는 분명 존재한다. 그리고 이렇게 생각하는 것은 인간으로 하여금 자신의 삶을 부단한 자기 쇄신 속에서 영위할 수 있게 만든다. 중요한 것은 바로 이 점이다. 시와 예술은 바로 이런 사무사의 초월 지평을 환기시키는 데 관계한다. 나날의 삶은 선악과 호오와 진위에 휘둘리곤 하지만, 그렇다고 그것이 인간이 가진 가능성의 전부인 것은 아니다. 우리는 매일매일 표피적이고 부박하게 살아가지만, 그러나 이런 현실이 현실의 전부는 아니다. 현실의 너머에는 그보다 더 넓고 깊은 세계가 있다는 것을 우리는 안다. 바로 이 깊고 넓은 세계를 상기시켜주는 것이 시와 예술이다.

그렇다면 이 드넓은 스펙트럼—감각의 구체에서 형이상학적 지평에까지 걸쳐 있는 김우창의 사고를 포괄하는 것은 무엇일까? 나는 다시 시적인 것의 의미를 떠올린다. 「궁핍한 시대의 시인」의 끝부분에서 그는 이렇게 적고 있다.

그러나 한용운에게 부재와 침묵은 인간의 진실을 향한 갈구에 연결되어 있는 것이었다. 그리고 무엇보다도 그에게 이 진실은 단순히 형이상학적 요구가 아니라 현실적인 요구였다. 그가 초월적인 이상이 아니라 부정否定의 필요를 더 많이 이야기한 것은 현실개조의 정열로 인한 것이었다. 주어진 시대 여건에서 이상은 오로지 시 속에서 넘어볼 수 있을 뿐 현실에 있어서의 부재와 침묵은 그의 부정만을 기다리고 있었다. (144~45쪽)

한용운은 조화로운 삶을 갈구했지만, 그의 시대는 이런 소망을 허용하지 않았다. 사람들은 나라를 잃었고, 백성은 가난과 무지로 고초를 겪었으며, 정치질서는 더없이 억압적이었다. 도처에 불의와 부패와 낙후와 강압이 자리했다. 여기에서 평정의 삶은, 그의 부정의 변증법이 보여주듯이, 오직 거부됨으로써, 이렇게 거부하며 지금 여기의 침묵과 저 너머의 부재를 껴안을 때, 마침내 꿈꿀 수 있는 것이었다. 사실과 가치는 어긋나고, 부분과 전체는 모순에 차 있었기 때문이다.

　인간 존재의 행복의 가능성은 적어도 한용운에게는 오직 시편詩篇 속에서 가능한 것이었다. 시란 근본적으로 문자라는 덧없고 추상적인 형태로 표현되는 것이고, 그래서 그것은 출발부터 허망한, 혹은 이 허망함을 감당해야 하는 일이기도 하다. 이 근본적 허망함 속에서 존재하는 것들을 부정하고 침묵을 갈구하면서 그는 진실을 추구했고, 이런 진실의 추구가 기존 현실과는 다른 어떤 현실을 앞당

기는 일이 되길 바랐다. 그런 점에서 그의 형이상학적 비전은 철저하게 현실적인 것이라고 말해야 한다. 시 속에서 그의 경험과 형이상학, 존재에의 거부와 부재에의 탐구는 하나로 만났기 때문이다.

이 시적 탐구에서 한용운은 현실에서는 불가능한 사랑과 평화와 정의를 이루고자 했고, 이 사랑과 평화와 정의를 통해 스스로 윤리적 주체로서 삶의 전체에 이르고자 했다. 사랑이 올 때까지 많은 것은 부정되어야 하고, 평화가 이루어지기까지 침묵과 부재를 돌봐야 하며, 정의는 오직 기존의 정의를 거부하는 가운데 설정될 수 있는 것이다. 사랑과 평화와 정의가 없는 인간의 삶이란 말의 엄격한 의미에서 '궁핍한 시대'일 것이다.

그렇다고 한다면, 시는 혹은 시적인 것은 하나의 중대한 목표임에 틀림없다. 그것은 문학의 목표이면서 주체가 창조적인 존재로서 자신의 윤리를 완성해갈 수 있는 하나의 도덕적인 길이고, 정의와 자유를 실현할 수 있는 정치적 길이다. 이 점에서 그것은 예술과 비평 그리고 문화의 목표가 될 만하다. 이것은 최인훈이 『소설가 구보 씨의 일일』에서 펼쳐놓은 어떤 믿음, 그리고 이 작품에 대한 김우창의 다음 논평에서도 이어진다.

> 말하자면 그(구보: 필자 주)의 정치적 입장 자체가 정치에 의한 정치의 극복을 부정하는 것이다. 그에게 정치의 극복은 예술 내지 문화에서 온다. 사실 그의 정치적 우울에도 불구하고 적어도 이론적으로는 구보 씨의 근본 관심은 예술이나 문화에 있다. 또 구보 씨

의 예술관은 위에서 본 바와 같이 직접적으로 정치적 비판의 기능을 다 하는 데에서 그 본령을 찾는 것도 아니다. 그에게 예술의 가치는 그 자체의 즐거움과 행복에 있다. (278쪽)

구보 씨의 경우에도 그의 정치의식은 사회의 현실이 그의 정치적 목표나 정의감을 거슬리기보다는 평화와 사랑, 이러한 그의 행복의 감각을 만족시켜주지 못하기 때문에 날카로워지는 것이다.
　　그러니까 그의 사회가 당면한 문제는 정치적이라기보다는 문화적인 것이다. (279쪽)

소설가 구보 씨 그리고 이 구보 씨를 적은 최인훈은 사회 현실에 관심을 가진다는 점에서 근본적으로 정치적이다. 그러나 그는, 정치의 문제가 정치 자체를 통해서가 아니라 "예술이나 문화"를 통해 해결될 수 있다고 믿는다는 점에서, 차라리 문학적이고 문화적이다.

최인훈은 누구보다 강인한 정치의식으로 무장되어 있지만, 그렇다고 정치적인 작가는 아니다. 그의 이 정치의식은, "예술의 가치는 그 자체의 즐거움과 행복에 있다"고 믿는다는 점에서, 유희적이고 쾌락주의적인 입장에도 닫혀 있지 않다. 그는 예술의 자율성을 믿지만, 이 자율성이 사회정치적 맥락 아래 조건 지어져 있음을 안다. 그는 개인의 자유와 행복을 중시한다는 점에서 자유주의자라고 할 수 있지만, 이런 사적 가치가 존중받기 위해서는 무엇보다 공적 제도의 틀이 합리적이고 민주적이어야 한다는 사실도 직시한다. 바로 이 점에서 그는 사민주의적이기도 하다. 그러면서 여전히 예술이란 자유와 행복, 평화와 사랑의 공간임을 그는 단테나 샤갈 그리고 이중섭의 작품을 통해 말한다.

그리하여 구보 씨가 정치적으로 되는 것은 어떤 정의감이나 정치의식 때문이 아니라 이런 개인적·공적 가치가 훼손되기 때문이다. 이 점을 김우창은 이렇게 지적한다. "구보 씨의 경우에도 그의 정치의식은 사회의 현실이 그의 정치적 목표나 정의감을 거슬리기보다는 평화와 사랑, 이러한 그의 행복의 감각을 만족시켜주지 못하기 때문에 날카로워지는 것이다." 그렇다는 것은 우리가 사랑과 평화, 조화, 양심 그리고 행복의 감각을 '제대로', 그러니까 공적 차원에서 건전하게 유지하는 것만으로도 이미 '정치적으로 틀리지 않는다'는 뜻이다. 적극적으로 표현하면, 이러한 태도는 일정하게 개입하는 정치적 실천 행위일 수도 있다. 이러한 문제의식을 최인훈은 정치가 아닌 문학과 예술과 문화에서 구한다. 문학이 개입할 현실적 근거란 문학 밖에서 문학과 따로 있는 것이 아니라, 문학 안에 이미 자리하고 있기 때문이다. 그 자리란, 앞서 언급했듯이, 생각함에 사악함이 없는 담담한 자리이다. 그래서 그것은 미추와 선악, 호오와 진위를 넘어선 초월적 지평이다.

문학은 도덕과 선을 설파하기에 윤리적인 것이 아니라, 이 초월적 지평을 상기하고 그 형이상학을 암시하는 것이기에 윤리적인 것이다. 문학의 윤리란 도덕 교과서적 훈시로 머무는 것이 아니라 이처럼 드넓은 형이상학적 지평으로 확장되는 것이다. 이것이 바로 시의 지평이고 문학예술적 가능성이다. 여기에서 시적 가능성이란 곧 마음의 가능성이다.

사심 없는 초연함을 규율하고 체현하는 것은 마음이다. 마음의 작용은 김우창 사고의 핵심 중의 핵심이다. 여기에도 물론 여러 요소가 포함되지만, 줄이자면 이렇게 말할 수 있다. 즉 마음은 채우는 것이 아니라 비우는 것이고, 이 비움을 통해 마음 밖의 세계가 얼마나 크고 넓은가를 경이감 속에서 깨닫게 한다. 그러니 마음이 침묵이나 부재의 빈자리로 향하는 것은, 그리하여 결국 초연해지는 것은 자연스럽다. 시의 언어는 궁극적으로 부재와 침묵을 담는 것이다. 그는 「문학적 송신」에서 이렇게 적는다. "어떤 의미에 있어서 모든 시의 본질적인 전달은 침묵의 전달이며, 비어 있는 공간의 제시이다"(362쪽). 이렇게 깨달은 크고 넓은 세계, 즉 침묵과 부재의 세계를 마음은 조금이라도 더 닮고자 한다. "시인이 전달하고자 하는 것은 단순한 의미 내용이 아니라 의미 발생의 과정 자체이며, 그 과정을 통하여 마음의 경이를 표현하고자 하는 것이다"(364쪽).

경이로운 마음은 시인의 것이면서 동시에 시를 읽는 모든 사람, 나아가 인간 일반의 마음이기도 하다. 그렇다고 한다면, 우리는 마음의 경이감 속에서 이미 공동의 세계에 진입해 있는 것이다. 의식하든 의식하지 않든, 우리는 초연한 마음으로 이 세계가 좀 더 평화롭고 좀 덜 폭력적이길 바라게 되는 것이다.

마음이 공동의 근거를 찾아 나설 때, 그것은 사회적으로 확장된다. 이렇게 확장된 마음이란 곧 사회적 이성이다. 그러므로 중요한 것은 이 공동의 마음 공간인 사회적 이성의 영역을 어떻게 확대하고 어떻게 합리적으로 조직할 것인가. 문학의 창작이나 작품의 해석도 결국 마음의 공동 공간을 인간화하는 문제를 중심으로 방사선을 이룬다. 그것이 시적 과제이고, 심미적 합리성의 지향점이다(시-마음-심미적인 것-심미적 합리성-심미적인 것의 도덕적·정치적·교육적 차원, 이런 여러 문제에서는 더 상세히 논의되어야 할 주제들이 매우 많다). 이 점을 김우창은 「주체의 형식으로서의 문학」에서 다음과 같이 적는다.

> 사실 문학의 주요한 기능은 단순히 개인적인 체험의 전달이라기보다는 체험의 가능성에 대한 탐구이고, 나아가 나와 내 이웃이 구체적인 체험과 다른 역사적인 체험을 통하여 투사投射되는 초월적 가능성의 한계를 확인하는 일이다. (……) 문학작품은 삶 그 자체의 구조를 분명히 하려는 노력이고, 비평은 또 이 구조의 구조를 밝히려고 한다. 비평의 비평도 가능하다고 보면, 이러한 반성적 노력은 한없는 회귀곡선回歸曲線이 된다고 하겠다. 또는 역으로 삶 그 자체가 이미 해석적이고 반성적인 것이라고 말할 수도 있다.
>
> (356쪽)

지금까지 우리는 김우창의 비평 세계를 몇 가지 주요 개념들, 예를 들어 철저성이나 자기 물음, 사실 착근, 움직임, 부정의 변증법, 생명주의, 유추 관계, 심미적 윤리, 내면성, 세계 신뢰 등의 열쇠어 아래 스케치해왔지만, 이 모든 것은, 줄이고 줄이면, "체험의 가능성에 대한 탐구"라고 말할 수 있을지도 모른다. 그것은 우리가 체험을 통해 각자의 삶에서 무엇을 할 수 있고, 또 무엇을 할 수 없는가를 묻는 일이다.

가능성에 대한 탐구는 필연적으로 한계에 대한 탐구다. 문학 작품은 바로 이런 "삶 그 자체의 구조를 분명히 하려는 노력"이고, 비평은 "이 구조의 구조를 밝히려"는 노력이다. 흥미로운 것은 그다음의 구절이다. "비평의 비평도 가능하다고 보면, 이러한 반성적 노력은 한없는 회귀곡선回歸曲線이 된다고 하겠다. 또는 역으로 삶 그 자체가 이미 해석적이고 반성적인 것이라고 말할 수도 있다." 그러니까 문학이 삶의 구조를 밝히는 것이라면, 문학 작품에 대한 비평은 구조의 구조를 밝히는 것이고, 이 비평문을 읽는 독자는 '구조의 구조의 구조'로서의 삶을 해석하고 밝히는 일에 참여한다고 할 수 있다. 그리고 이러한 연쇄 과정은 "한없는 회귀곡선"을 이룬다.

그렇다고 한다면, 이 회귀곡선이란 곧 해석과 반성의 회귀곡선이다. 문학이든, 문학이 다루는 삶이든, 나아가 문학 작품에 대한 비평적 해석이든, 모두는 해석과 반성의 무한한 회귀곡선을 타는 일이다. 실천의 문제는 이런 회귀곡선의 다음에, 아니 그사이 사이에 매 순간 개입하는 일일 것이다. 이 해석과 반성의 개입을 통해 주체는 자신의 삶을 창조적으로 변형시킬 수 있다.

주체의 실천적 개입은 곧 주체가 주체적이며 실천적인 존재임을 보여준다. 그것은 무엇인가 만들고 변형하며 변화시키고 쇄신한다는 것을 뜻한다. 해석과 반성은 그 자체로 주체의 자기 변형적 활동이다. "문학은 인간의 실천적 주체의 형태를 실현하고 또 파악하려는 노력의 하나이다"(357쪽). 이런 식으로 문학은 삶의 가능성의 의미를 탐색하는 진리 실험의 마당이 된다. 그것은 그 자체로 개별적 일반성 혹은 구체적 보편성의 한 모범적 사례事例다.

여기에서 나는 문학을 통한 개체적 실존의 보편적 형성 경로에 대한 하나의 모범적인 예를 본다. 문학이란 개별적 의식이 언어적 상징을 통해 사회역사적 전체로 나아가는 모습을 보여주기 때문이다. 물론 여기에도 많은 요소들이 개입한다. 무엇보다도 주체의 경험과 체험이 있고, 체험의 언어적 전달과 상징적 표현이 있으며, 표현에는 일정한 관점과 시각이 담긴다. 창작되는 작품에서는 여러 관점들 사이의 교환과 교차가 일어나고, 관점의 교차를 통해 주체는 자신을 넘어 보다 넓은 지평으로 나아가고, 전체 지평을 이해하며 이 지평을 만드는 데 참여한다. 개별적 주체는 표현과 상징을 통해 세계의 온전한 전체와 결부되는 것이다. 이렇게 전체로 나아가면서 그것은 삶에 대한 총체적 반성을 행한다. 반성 속에서 그는 이미 지속되어온 가치의 진위 기준을 사실과 대조하면서 새롭게 검토한다.

그러므로 전체에의 참여는 창작 주체(작가)의 창조적 가능성이면서, 이렇게 창작된 작품을 읽는 독자(비평가)의 창조적 가능성이다. 그리하여 비평은 작가의 창조성과 해석자의 창조성 사이의 만남이고 충돌이며 재생산이다. 그것은 형상의 창조성 속에서 해석의 창조성을 마련하려는 새로운 의미의 움직임이다.

시란 제약 속에서 가능성을 깨닫듯이, 좁고 협소한 것 가운데 세계의 깊이와 넓이를 느끼는 데 있다. 세계의 깊이와 넓이는 이 세계를 마주한 주체의 마음의 깊이와 넓이에 상응한다. 이성이란 곧 "연마된 마음"이고, 개인적·사회적 로고스에 다름 아니다.**9** 왜냐하면 그것은 넓고 깊게 단련된 주체의 마음의 표현이기 때문이다. 그리하여 마음 공간의 재조직은 시와 예술과 문화에서 핵심적이지 않을 수 없다.

투명한 마음 공간의 재조직은 시의 과제일 뿐만 아니라 비평의 과제이고, 더 나아가면 문학과 예술의 방향이며, 인문학과 문화의 역할이기도 하다. 이 넓고 깊은 느낌은 새로운 해석에서 오고, 이 해석은 마음이 의식의 서로 다른 평면과 층위를 옮아감으로써, 이렇게 옮아가며 이질적인 것을 동질화함으로써 생겨난다. 마음은 가능성과 한계, 실패와 영광 사이의 균형을 유지하고, 이 균형 속에서 여전히 항진한다. 거꾸로 새로운 의식과 해석, 새로운 언어와 사고란 곧 마음이 항진할 수 있다는, 혹은 항진하고 있다는 증거이기도 하다. 새로운 의식이 새로운 해석을 낳고, 이 해석으로부터 마음은 세계를 경이롭게 바라볼 수 있다.

시는 경이로운 마음을 북돋는다. 이 시적 마음을 최대한으로 심화하고 확대할 때, 문학은 현실과 절연된 것이 아니라 현실의 일부로서 삶의 전체에 이미 닿아 있다. 시는 삶의 전체를 그 나름으로 대변하는 것이다.

9 여기에 대해서는 문광훈, 『시적 마음의 동심원—김우창의 인문주의』(한길사, 2006)의 3부 6장 「움직이는 마음」(357~415쪽) 참조.

맺는 글   관계 방식에의 물음

> 따라서 중요한 것은
> 사는 방식의 있을 수 있는 다른 가능성에 대한 시사이다.
>
> 김우창, 「사고와 현실」, 『궁핍한 시대의 시인』, 334쪽

「사고와 현실」에서 김우창은 이렇게 적고 있다. "소위 고전적 저술은 이미 죽은 가능성으로서의 에센스의 세계를 보여주면서, 또 동시에 오늘의 가능성으로 열릴 수 있는 세계를 보여준다"(325쪽). 이것은 아마 그 자신의 저작인 『궁핍한 시대의 시인』에게도 해당되는 말일 것이다. 이것이 '고전'일 수 있는 것은 오늘의 가능성이란 관점에서 보아서도 많은 내용이 들어 있기 때문이다.

오늘의 가능성을 우리는 어떻게 이해할 수 있을까? "한국 사회의 자생적인 동력학"이(276쪽) 여전히 필요하다면, 그 동력학이 문학 분야에서는, 문학 연구나 비평 그리고 더 넓게 글쓰기 분야에서는 어떤 것이 되어야 할까? 여기에서도 많은 것을 생각할 수 있다.

그러나 이런 생각의 실마리로 다음의 세 구절이 적당하지 않을까.

사회는 마땅히 사랑의 공간으로 성립해야 한다. 우리는 거기에서
생존의 필연을 사람 사이의 약속으로서 바꾸어놓을 수 있다. (「나
와 우리」, 409쪽)

우리는 나의 삶과 역사와 사회가 사람이 만드는 것이라는 '인간의
이니셔티브'를 깨우칠 수 있어야 한다. (「물음에 대하여」, 422쪽)

인간의 삶을 둘러싸고 있는 어둠에 비추어 볼 때, 비로소 우리는
우리의 삶이 경이로운 창조이며 사회와 역사가 율법이 아니라 사
랑과 용서의 계약에 불과한 것이라는 것을 알게 된다. (「물음에 대
하여」, 424쪽)

요약하면 이렇다. "나의 삶과 역사와 사회가" 다른 무엇이 아닌 바
로 "사람이 만드는 것"이라는 것, 따라서 우리의 삶 자체가 "경이로
운 창조이며, 사회와 역사가 율법이 아니라 사랑과 용서의 계약에
불과한 것이라는 것"을 잊지 않는 것이 중요하다. 그렇다는 것은 많
은 것이, 인간 현실의 근본적 어둠과 불가항력적 조건에도 불구하
고, 우리 자신의 주체적이고 자발적인 손에 달려 있다는 뜻이다. 따
라서 이 '계약'을 어떻게 맺을 것인가, 나아가 이것을 어떻게 "사랑
과 용서의 계약"으로 만드느냐가 우리의 이론적 · 실천적 목표가 되

어야 한다. 그것은, 더 줄이자면, "생존의 필연을 사람 사이의 약속으로" 바꾸어놓는 일이다.

나는 다시 비평의 과제를 생각한다. 그리고 앞으로 문학이 해야 할 일을 떠올리고, 글이란 무엇을 지향해야 하는가를 생각해본다. 그것은 결국에는 신선한 감각과 새로운 사고 그리고 자유로운 언어를 북돋우는 일이 될 터이고, 이 모든 것으로 가능할 사랑과 행복의 공적 공간을 조직하는 데로 이어질 것이다. 이 공간에서 감각과 사유, 개인적인 것과 사회적인 것, 자아와 타자, 주체적인 것과 객관적인 것은 구분되지 않을 것이다. 개인의 자유는 이 투명한 사회질서에서 이루어지는 공적 책임 속에서 보장될 것이다. 그리고 이것은, 지금까지 살펴보았듯이, 자기 물음으로부터 시작하여 감정의 정확성이나 구조적 사고력, 사실 착근, 사실과의 싸움, 부분과 전체의 변증법, 생명주의, 절제와 균형, 사회적 내면성, 세계 신뢰와 상호유대 등에서 이미 되풀이 확인되었던 것이다.

작가 최인훈은 소설을 세상 이치와 시비곡직을 물어보는 데 있다고 여겼지만, 비평 역시 마땅히 현실의 시비곡직과 이 시비곡직을 넘어선 세상 이치를 헤아리는 데로 나아가야 한다. 그것은 비평의 가능성이자 삶의 가능성이고, 김우창이 거듭 쓰듯이, 인간의 전인적全人的인 가능성이기도 하다.

비평은 삶의 미지적 가능성을 탐구한다. 이러한 가능성은 여하한의 언어와 사고와 논리가 가진 협애성과 편향성에 대한 물음에서 시작될 수 있다. 이것은 있을 수 있는 모든 형태의 독단과 편견과 교조주의에 대한 문제 제기를 뜻한다. 김우창의 비평이 오늘의 우리에게 남기는 과제도 이와 같다고 할 것이다. 즉 그것은 오늘의 우리가 지금의 현실과 사회와 문화와 지구적 삶을 이해하는 데 그의 글이 얼마만큼의 반성적·성찰적 가능성을 열어 보이는지, 그리고 이 열려진 가능성 속에서 우리 각자가 자신의 삶을 창조하는 데, 또 우리 사회를 보다 이성적으로 조직하는 데 얼마나 기여하는지에 달려 있을 것이다. 비평적 탐구는, 거듭 강조하거니와, 기존 삶의 다른 가능성에 대한 모색이어야 한다. 이 대목에서 나는 다시 일상과 구체, 사실과 경험, 그리고 생존의 현재적 현실을 떠올린다.

당연히 문화를 이루는 각 분야는 그 나름으로 어울리는 가운데 '함께' 갈 수 있어야 한다. 문학은 문학대로, 정치는 정치대로, 사회와 경제는 사회와 경제대로, 철학과 과학, 기술과 문화는 또 그 나름의 방식대로 가면 된다. 그러면서 그것은 교차한다. 이것은 자명하다.

그렇듯이 문학은 자신의 힘을 외부로부터 빌려오는 것이 아니라 자기 자신으로부터 생성시킬 수 있어야 한다. 자기의 안에서부터 그 밖의 사회와 정치, 자연과 우주로 나아갈 수 있고, 또 그렇게 나아가야 한다고 나는 생각한다. 문학은 자신을 버리면서 문학을 만드는 것이 아니라, 자기 안에서도 얼마든지 하나의 독자적 세계를 만들 수 있고, 이렇게 만들어진 세계가 문학 밖의 현실을 비추는 반성적 거울로 작용하는 것이다. 그러기 위해서는 문학이 곧 세계가 될 정도로 그 내포가 충분히 넓어야 하고, 이 세계를 포용할 정도로 문학 자체의 삼투력과 소화력 그리고 탄력성을 높이지 않으면 안 된다. 그렇듯이 비평 역시 비평 안에서 비평 밖의 현실과 그 세계를 살펴볼 수 있고, 단지 그렇게 살필 수 있을 뿐만 아니라 적극적으로 포용할 수 있어야 한다.

문제는 비평의 안과 밖, 주체의 요구와 현실의 조건, 나와 세계의 근본 관계의 성격과 이 관계의 근본적 변화 가능성에 대한 지속적 탐구이다. 그것은, 다른 식으로 말해, 지금의 현실이 조금은 달라져야 한다는 요구이고, 오늘의 사회가 더 변해야 한다는 요청이다. 비평이 기존과는 다른 의미의 지평을 꿈꿀 때, 그렇게 꿈꾸며 그 가능성을 타진할 때, 행복은 현실에서 완전히 사라지진 않을 것이다. 꿈꾸고 묻는 가운데 우리는 이미 세계의 보다 넓은 가능성의 실현에 참여한다.

그리하여 우리는 '하나의 가능성 대 또 하나의 가능성'으로 만날 수 있어야 한다. 비평이 그렇고, 비평을 읽고 글을 쓰는 메타비평이 그렇다. 좋은 글은, 마치 좋은 비평이 그러하듯이, 어떤 가능성으로 등장하고, 이 가능성은 미래의 수많은 실현 형태를 예비하면서 지금 여기에 자리한다. 그러니 하나의 가능성 속에는 수많은 가능성들이 자리하는 것이다. 글은 이 밝혀지지 않은 삶의 가능성을 촉구하고 환기하고 호소하며 장려한다. 우리가 어떤 글을 읽고, 그 글의 주어진 가능성으로부터 새로운 가능성을 만들어내지 못한다면, 그래서 지금 현실 속에서 이 현실 너머의 더 깊고 더 넓은 세계의 지평을 꿈꾸지 못한다면, 글이란, 그리고 비평이란 무슨 소용이 있을 것인가? 모든 비평적 시도란 관계 방식에 대한 탐구이고, 관계 방식의 재조직 가능성에 대한 모색이다. 관계 방식이란 나와 남 사이에 있듯이 자아와 타자 사이에도 있고, 개인과 사회 사이에서도 있듯이 부분과 전체 사이에도 작동한다. 그렇듯이, 감정과 이성 사이에도 있고, 자유와 필연, 존재와 부재, 현실과 꿈, 예술과 삶 사이에도 자리한다.

글은 관계 방식의 재조직 가능성을 탐구함으로써 삶의 초월적 지평을 개시한다. 그리고 이러한 개시는 대상에 대한 성찰을 지나 이 대상을 마주한 주체 자신에 대한 성찰로 돌아온다. 비평은 단지 작품 해석에 그치는 것이 아니라 이렇게 해석하는 자기 자신에 대한 해석과 성찰과 쇄신과 변형 속에서 잠시 완성되는 것이다. 이 자기 회귀적 경로를 잊는다면, 비평의 윤리적·인문학적 가치도 상당 부분 상실될 것이다.

김우창은 한국 현대 비평사에서 비평가의 전형을 이룬다. 사고의 깊이와 분석의 치밀함, 표현의 유려함 그리고 사회정치적 맥락에 대한 넓은 시각은 말할 것도 없고, 이 모든 것에도 불구하고 견지되는 보편적 지평에의 개방성은 그를 여타의 비평가와 확연히 구분해주는 변별점이 아닌가 여겨진다. 우리가 그의 글에서 보는 것은 단순히 시와 소설에 대한 논평이나 분석, 평가나 진단이 아니다. 그것은 이런 문학 작품들이 묘사하고 이해한 20세기 한국인의 삶과 그 조건, 그리고 한반도적 삶을 에워싼 주변 현실, 나아가 지구 전체 현실의 실상이기 때문이다. 그것은 현대 한국이라는 나라가 처해 있는 정치사회적 성격과 역사적 유래 그리고 그 지성사적·정신사적 성격을 성찰하고 검토한다. 바로 이런 넓이와 깊이 때문에 그를 단지 비평가로만 자리매김하는 것은 편향되고 불공정한 평가가 될 것이다.

김우창은 무엇보다 철학자다. 그리고 인문학자다. 그가 비평가라고 한다면, '예술비평가'일 것이고, 그가 철학자라고 한다면 차라리 사상가로서 자리한다고 해야 한다. 이러한 예술비평가적·사상가적 면모는 그가 쓴 글에서 잘 드러난다. 그의 글이 내장한 유례없는 정확성과 치밀성은 사실에 대한 충실과 구체적 경험에 대한 존중으로부터 온다. 그러나 이런 과학적 사유에도 불구하고, 그는 자기 논지의 객관성을 자임하지 않는다. 이것은 냉정함과 초연함에서 온다고 할 것이다. 그는 감정적 과장이나 연민에서 오는 자위적 자기만족을 거부한다. 이러한 자기 경계에는 어떤 오랜 견딤—쉽게 말하기 어려운 견인堅忍의 세월이 있지 않나 여겨진다. 그의 글이 지닌 겸손과 사유의 반성성은 그 어떤 주장이나 선언에서가 아니라 바로 이 같은 견딤에서 온다고 할 것이다.

김우창은 논리적 비약이나 감정적 흥분을 매 행간에서, 문장과 문장, 단어와 단어 사이에서 제어하는 듯하다. 그래서인가. 그의 글에서는 어떤 편향과 확언을 발견하기 어렵다. 그의 글과 사유는 이런 신중함 속에서 행해진 자기 연마와 자기 제어 그리고 자기 기율을 통해 삶의 완성으로 나아가는 것처럼 보인다.

그러나 김우창의 글이 도달한 성취보다 더 중요한 것은 아마도 그가 '글대로 살려고 한 학자'—글과 삶, 지식과 행동을 일치시키려고 애쓴 철저하기 그지없는 학인學人이라는 사실일지도 모른다. 우리는 글이 행동과 분리되고 이 행동과 언어가 무관한 사람의 경우를 얼마나 자주 보는가? 그것은 진실하기도 어렵고, 선하기는 더 어려우며, 아름다울 수는 결코 없는 것이다. 그렇다면 그 삶은 어떨 것인가? 최고의 교육은 가르침에 있는 것이 아니라, 이 가르침이 배어든 삶을 실제로 사는 데, 그래서 이 삶 자체가 하나의 모델이 되는 데 있다.

나는 김우창의 글에서 저자와 현실, 언어와 대상, 의지와 세계의 일치를 느낀다. 말하자면 글과 생활, 표현과 사상, 직시와 실천 사이에 간극이 없다고나 할까. 혹은 있을 수 있는 간극이 최대한으로 밀착되어 있다는 느낌을 받는다. 그의 삶 자체가 자기회귀적 예술 언어와 자기반성적인 인문 정신에 대한 하나의 좋은 모델이 된다고 말할 수 있는 것은 그 때문일 것이다. 글이 단순히 연구 활동이나 분석 행위에 그치는 것이 아니라, 이런 연구와 분석과 진단에 드러난 생각을 자기 삶 속에서 실제로 육화시키려고 한, 그럼으로써 그 삶을 '윤리적으로 완성시키려고 한' 드문 사례이지 않나 여겨지는 것이다. 그 점에서 그의 학문은, 그리고 비평은 경의되어야 마땅하다.

부단한 성찰과 검토 속에서도 삶의 신비에 경탄하고, 신중한 유보 속에서도 적확하게 판단하면서 이때의 판단이 삶의 복잡한 곡절에 대한 섬세한 대응을 벗어나지 않도록 하는 데는, 결국 줄이고 줄이면, 바르고 정확하게 보려는 마음과 이렇게 보고 생각하며 믿는 대로 살겠다는 마음—어떤 무욕無慾의 정신이 자리할 것이다.

쓰는 것은 김우창에게 무엇보다 절실한 일로 보이지만, 그렇다고 그것이 절대적인 것은 아니다. 그는 정말이지 어디에도 집착하지 않는 것 같다. 그러나 이러한 무집착은 무행동이 아니다. 거기에 체념은 있지만 이 체념은 기율로 제어되고, 무상에의 직관은 있지만 이 직관은 의지로 무장되어 있다. 그리하여 그는 체념과 기율, 달관과 의지의 긴장 속에서 가장 끈기 있게 사유하고, 가장 집요하게 표현한다. 그래서 이 표현은 그 자체로 사유하는 정신이 지나간 밀도 높은 양심의 궤적으로 남는다. 나는 이 모든 것이 사무사思無邪의 정신으로부터 온다고 생각한다. 김우창의 비평 정신은 사무사의 정신이다. '생각하는 것에 기울거나 치우침이 없는' 그의 비평은 그 누구에게도 비견될 수 없는 하나의 독자적 세계를 이룬다. 김우창은 말의 엄밀한 의미에서 인문 정신의 가능성 그 자체다.

김우창의 평문 하나 하나에는 그 나름의 세계가 있다. 현실이 있고 경험이 있고, 경험에 대한 반성과 성찰이 있으며, 성찰이 머물고 난 후의 여운이 있다. 한용운론에는 비극적 의연함과 초탈의 부정정신이 있고, 피천득론에는 생활의 자잘한 재미와 조촐한 단아함이 자리하며, 윤동주론에는 실존적 내면의 고요한 자기 투시가 있다. 그 어느 글이나 야심이나 공명심이 아니라 삶의 의미와 무의미를 헤아리고, 의미의 가벼움과 무거움을 저울질하는 섬세한 정신이 살아 있는 것이다. 그는 어느 쪽도 편들지 않는다. 그러니 김우창 비평에 대한 열광과 감동은 천천히 찾아든다. 이것은 그의 언어가 그

맺는 글

누구의 언어보다 철학적으로 밀도 있고 논리적으로 정밀하기 때문이기도 하지만, 그 이상으로 그 어조가 차분하게 가라앉아 있기 때문이기도 하다. 그의 글은 갑작스럽게 엄습하는 것이 아니라, 오랜 반추와 각성, 회오와 성찰의 기나긴 연마 속에서 시간을 두고 찾아드는 것이다. 그의 글의 지향과 성격은 그 자신의 인성人性을 닮아 있는 것이다.

『궁핍한 시대의 시인』은 한국의 문학사와 비평사에서뿐만 아니라 한국의 지성사 그리고 인문학의 역사 전체의 관점에서 보아도 분명 미증유未曾有의 저술이다. 그것은 말 그대로 '일찍이 있지 않았던, 있어본 적이 없었던 세계'다. 무엇이 없었던가? 그 언어와 감각과 사유와 표현이 그렇다. 다시 반복한다. 그의 감성은 섬세하고, 그 사유는 강인하며, 그 언어는 절제되어 있다. 그 뉘앙스는 어떤가? 담담하여 그 어떤 사적·자의적 이해관계로부터도 거리를 두고 있다. 이 대목에서 그의 언어와 사유는 그의 인성과 삶으로 이어진다.

그리하여 나는 이렇게 적지 않을 수 없다. 김우창에 이르러 한국의 비평사는 감각의 세심함과 논리의 견고성, 표현의 정확성과 철학적 사유의 깊이 그리고 포괄적 관점에서 전혀 새로운 지평 안으로 들어서게 되었다. 그리고 이 지평은, 이 모든 방법적·언어적·사상적 성취가 삶의 문제로 수렴된다는 점에서, 윤리적 차원을 얻는다. 언젠가 한국의 미래에 인문주의 르네상스가 만약 도래한다면, 김우창이라는 이름은 아마도 그 시대를 알리는 기나긴 선율의 한 서곡으로 판명 날지도 모른다. 그러나 내게는 오늘의 한국 인문학이 그가 서곡이면서도 동시에 하나의 정점으로서 자리한 지금의 상태로, 이 것이 기우에 지나지 않기를 바라지만, 마감되지 않을까 염려된다.

한국 비평의 새로운 가능성을 생각하는 사람들에게, 또 한국 문학의 미래를 고민하는 이들에게, 나아가 새로운 예술론과 새로운 인문학 그리고 새로운 시민문화의 가능성을 탐색하려는 사람들에게 『궁핍한 시대의 시인』은 반드시 읽고, 한 번으로는 모자란다, 또 읽어야 한다.

아니다. 그러나 이런 말도 내게는 때때로 군더더기처럼 여겨진다. 그저 지극히 단순한 하나의 사실—삶 속에서 삶을 넘어서는 존재의 자취를 생각하는 사람들에게 김우창은 반드시 통과해야 할 한국 인문학의 보물창고가 될 것이다.

아마도 김우창을 읽은 후라면 자기가 머문 감각과 사유의 기성 체계를 벗어나 그 자리의 한계와 가능성을 보다 명료하게 볼 수 있을 것이다. 어떤 새로운 모색은 자기 자리에의 이 냉정한 투시로부터 시작될 수 있을 것이다. 김우창을 읽으면 인간과 현실과 세계의 전체가 보인다. 이 전체야말로 삶의 실상이자 예술의 목표다.

주요 용어 사전

● 편집부에서는 『궁핍한 시대의 시인』에 나오는 주요 용어를 몇 가지로 정리해주길 요청했다. 그러나 이 놀라운 첫 저작의 주요 개념들은 말할 것도 없이 그다음에 나온 김우창의 다른 책들 속의 생각들과 겹치면서 몇 마디로 요약하거나 조망하기가 어려울 정도로 확장되고 심화된다. 따라서 『궁핍한 시대의 시인』의 용어 정리는 그의 저작 전체에 대한 일정한 조감과 이해 없이는 불가능하다. 또 그의 글에서는, 여느 철학자나 이론가의 책이 흔히 그러한 것과는 다르게, 현란한 개념이나 수사修辭 혹은 논리적 비약이 거의 없다. 그의 글은, 본문 안에서도 지적했듯이, 문체적으로 건조하고 절차적으로 면밀하게 이어진다.

김우창의 글은 엄밀한 사유의 강철 같은 축조물이지만, 그 외양은 결코 화려하지 않다. 그 글이 지닌 견고한 사유와 정밀한 논리는 한국학의 전체 지평 안에서 비슷한 예를 찾아보기 어려울 만큼 독보적이다. 그 말은 그의 글을 읽으며 사유의 경로를 쫓아간다는 것이 그만큼 간단치 않다는 것, 그것은 그 자체로 상당한 수련과 인내를 요구하는 일이라는 뜻이기도 하면서, 이 일정한 훈련을 통해 그 글에 익숙해지면 다른 누구에게서도 얻을 수 없는 관점의 폭과 성찰적 깊

이를 얻을 수 있다는 뜻이기도 하다. 김우창 사유의 밀도는 오랫동안 연마된 철학적 깊이로부터 온다. 이 깊은 사유 앞에는 섬세한 감각이 있고, 이 사유 뒤에는 생각한 바를 적확하게 옮기는 언어적 표현력이 있다. 섬세한 감성과 강인한 사유 그리고 유려한 표현력이 어우러지면서 김우창이라는 인문학적 사유 질서가 만들어진 것이다. 인간과 세계, 현실과 사회와 정치와 문화, 문명과 자연과 우주가 이 인문적 성찰의 체로 하나씩 걸러져 새롭게 해석되고 조명되고 이해되어 마침내 제 위치에 자리 잡는다.

김우창은 대부분의 개념이나 전문 술어를 자기화하여, 말하자면 주체적으로 변용하여 사용한다. 그래서 그 글에는, 어떤 문장이 어렵거나 철학적 사변 때문에 추상적으로 읽힐 수는 있어도, 문법적으로 틀리거나 의미론적으로 모호하거나 혹은 논리적으로 비약된 부분은 없어 보인다. 또 번역서에서 흔히 있는 표현의 어색함이나 논리적 생경함과 조야함도 적다. 아마도 사유의 깊이에서나 관점의 포괄성에서나, 그리고 종국적으로 문제의식의 지향점에서 볼 때 한국어를 이렇게 철저하고 엄밀하면서도 유려하고 보편적으로 구사하는 저자는 이 땅에 드물 것이다. 그러니만큼 그 글의 의미

사무사 思無邪

는, 나의 판단으로는, 어떤 다른 2차 문헌에 의존하기보다는 개별 논문이나 에세이나 책을 여러 번 정독하면서 그 맥락 안에서 이해하는 것이 가장 좋지 않나 여겨진다.

김우창의 글은 말 그대로 공들여 읽는 것이 필요하다. 또 그렇게 읽어도 좋을 만큼, 아니 그렇게 읽어야 할 만큼 많은 각성과 발견의 기쁨을 주는 것이 그의 글이기도 하다. 말하자면 감각과 사고와 표현의 자기 쇄신적 경험이라고나 할까? 나는 그런 소중한 경험을 많이 겪었다(행동의 자유란 인간에게 제한된 반면에 감각과 사고와 표현의 자유는 보다 유연한 경계를 가진 것이고, 특히 사고와 표현의 그것은 무한대로 뻗어가는 것이다. 또 자유란 무엇보다 '다르게 생각하기의 자유'라고 한다면, 이 사고와 표현의 확장적 경험은 미래의 모든 실천을 예비하면서 동시에 그 자체로 인간 자유의 모든 것일 수도 있는 것이다. 그래서 더없이 진귀한 것이다). 이 성실한 읽기가 쌓이면, 그의 글을 소화하는 데 큰 무리가 없지 않을까 싶다. 그의 글을 직접, 오랫동안, 천천히, 음미하며 즐기듯 읽는 것 자체가 상당한 교양 훈련이다.

그렇다고 안내서가 없는 건 아니다. 김우창을 이루는 여러 주제는 소장학자들과의 대담집인 『행동과 사유』(생각의나무, 2004)와 『사유의 공간—김우창에 이르는 여러 갈래의 길』(생각의나무, 2004)을 참고하는 것이 좋을 것이다. 지난 1960년대 중반 이래 2000년대 초반까지 그가 쓴 글의 목록은 『사유의 공간』 뒤편에 잘 정리되어 있다. 그의 학문의 전체 윤곽을 스케치하는 데는 『세 개의 동그라미—마음, 이데아, 지각』(김우창/문광훈 대담, 한길사, 2008)이 적절해 보인다.

김우창의 비평 또는, 더 크게 말하여, 학문은 그 자체로 이편/주체/한국학과 저편/타자/외국학이 만나 서로 충돌하고 교류하고 혼용하면서 종합된 하나의 높은 보편성이라고 할 수 있다. 그러나 이 보편성은 물론 이다음에 올 '또 다른 보편성을 위한 하나의 그러면서도 잠정적인 사례'라고 봐야 할 것이다. 몇 가지 주요 개념을 스케치하자.

1. 자기/개인/실존:

문학론에서든 사상이나 학문에서든, 김우창을 이해하는 출발점은 '자기 물음'에 있다는 것이 내 생각이다. 왜냐하면 그가 쓴 거의 모든 글은 지금 여기에서, 자기 자신이, 유한한 생명을 가진 인간으로서, 어떤 처지와 상황 속에 있고, 어떤 경험을 하며, 이 경험과 관련된 사안과 현실을 어떻게 바라보느냐라는 문제에서 시작하기 때문이다. 그만큼 그의 글은 개인적이고 실존적이며 경험적이고 상황적이다. 그의 글이 철학적 사변과 관념적 경향에도 불구하고 실감 있는 뉘앙스를 주는 것은 그 때문일 것이다.

김우창의 글은 늘 공적 의무를 의식하고 사회적 유대를 지향하며 그 바탕에는 윤리적 책임의식이 자리한다. 그럼에도 그것은 공적·사회적·윤리적 차원으로 직행하기보다는 글쓴 주체의 자기의식과 자기 경험, 자기 판단과 자기 선택의 실존적 엄숙성 그리고 그 대체될 수 없는 고유성을 바탕으로 한다. 자기 자신의 자발적 선택과 결정의 자유 없이 그 어떤 진선미의 세계도 이데올로기일 수 있기 때문이다. 이런 실존적 절실성 때문에 개인의 진실은 주관적 차원에 머무는 것이 아니라 객관적 차원으로 확장된다. 즉 사회적 진실이 된다. 그러니까 김우창에게 개인/개체/자아는, 적어도 바른 것이라면, 밀폐된 개인이 아니라 '사회적으로 열린 개인' 혹은 '보편적으로 확대된 주체'가 된다. 이것은, 일곱째 항목인 '내면성'에서 다룰 것이듯이, 그의 내면성이 사적·주관적 영역에 머무는 것이 아니라 상호주관적이고 사회적으로 열려 있는 것과 같은 이치다.

2. 사실:

김우창이 거듭 강조하는 것은 '사실'에의 충실이다. 사실에 부합하지 않거나 사실과 유리된 것은 부정확하거나 허황되기 때문이다. 편견이나 선입견에서부터 오해나 억측을 지나 거짓과 이데올로기에 이르기까지 종류와 성격은 달라도 이 모든 것은, 그것이 사실에 기반을 두지 않는다는 점에서, 동일하다. 사실을 떠날 때, 우리는 현실적으로 유용한 동의와 합리적 사고를 끌어낼 수 없다.

그리하여 김우창은 사실이 어떠한지, 그 내용은 무엇이고 어떤 성격을 지니고 있는지에 우선 주목한다. 그런 다음 그것을 낱낱의 개별적 요소 아래 파악하는 것이 아니라 요소와 요소들의 관계 속에서, 즉 '전체 국면configuration/constellation 아래' 파악하고자 한다(이것을 나는 '별자리적 사유방식'이라고 부른 적이 있다. 문광훈, 「아도르노와 김우창의 예술문화론」, 한길사, 2006, 114쪽 이하). 해당 항목을 검토하되 이 항목 하나만을 고려하는 것이 아니라, 다른 항목과의 관계 속에서 고려하는 것이다. 그러한 힘을 '구조적 사고력'이라고 한다면(이 책 1장 3절 「구조적 사고력」 참조), 변증법은 이 사고력을 지탱하는 방법론이 될 것이다

유의할 것은 변증법이 하나의 방법론

으로 중요하다고 해도 자기목적화하지 않는다는 사실이다. 김우창의 사유에서 그 자체로 목적화하는 것은 없지 않나 여겨진다. '사랑'이나 '관용', '화해'나 '심미적 이성' 혹은 '인본주의'와 '인권' 등이 지향해야 할 하나의 목적이라면, 그 목적은 좌절과 실패 속에서, 또 부단한 해체와 구성의 긴장 관계 속에서 자리하는 가치다. 그 어떤 좋은 가치도 자기목적화하면 사물화된다. 사물화된 가치는 반성되지 않은 가치이고, 따라서 죽은 이념이다. 이렇듯 사실은 부단히 움직이는 사유 속에서 다시금 검토되고 성찰되어야 할 대상으로 자리한다.

3. 감각:

김우창은 어느 글에서나 구체적 감각과 경험을 중시한다. 이것은 그의 글이 자기/개인/실존에서 시작한다는 앞선 언급과 이어진다. 각 개인의 생활에서 나온 삶의 내용들은 그 나름으로 고유하고, 그래서 다른 것들과 대체되거나 교환될 수 없기 때문이다. 그런데 개인의 감각과 경험은, 그것이 절실하고 진실한 것이라면, 다른 개인들의 감각이나 경험과 어느 정도 통하는 것이다. 즉 주관적이면서 상호주관적이고 사회적이다. 그리하여 개인과 사회, 개체와 전체 사이에는 '유추관계'가 있다(이 책 4장 2절 「유추관계」 참고). 사회적으로 객관화된 감각에는 지적·이성적·정신적 측면이 있다. 감성과 이성은 서로 만나고, 감정과 정신은 전적으로 분리된 것이 아닌 것이다.

우리는 자신의 사고를 끊임없이 유동적인 것으로, 그래서 변화 발전하는 것으로 만들 필요가 있다. 그리고 사고는 이 변화 발전에서 갱신을 거듭한다. 이것이 '사고의 움직임'이다(이 책 2부 3장 「움직임」 참조). 이 움직이는 사고에는 감각적·정서적 요소도 들어 있다. 그러니까 김우창에게 감각은 주관만의 감각이 아니라 '객관적으로 고양된 혹은 고양되려는 감각'이다. 그것은 감각적 감각이 아니라 '이성으로 열린 감각'이다. 이것은 그가 '감각'과 '감성'보다는 '지각perception'이라는 용어를 즐겨 쓰는 것과 이어진다. 이것은, 넓게 보면, 20세기 철학에서 감성이나 감각 대신에 지각이란 말을 즐겨 쓰는 것에 상응한다고 할 수 있다. 감성이 전통 철학에서 흔히 이성과 대립되는 용어로 쓰여왔던 데 반해, 현대 철학은 감성과 이성을 상호관련성 아래 파악하기 때문이다. 메를로-퐁티의 『지각의 현상학』은 바로 이런 문제의식을 주제화한 것이다. 여기에서 지각은 감성과 이성을 서로 잇는다. 김우창 역시 메를로-퐁티의 이 책을 즐겨 읽었다고 여러 군데서 토로한 적이 있다.

4. 구체적 보편성/개별적 일반성:

김우창의 사유가 지향하는 것은 '구체적 보편성' 혹은 '개별적 일반성'이라고 할 수 있다. 이것은 대상의 개별적·구체적 세목에 유의하면서도 이 세목을 에워싼 전체 맥락과 구조를 동시에 고려하는 정신이나 특성을 뜻한다. 그의 사유는 성찰의 움직임 속에서 구체적 보편성을 지향한다. 이때 구체적 보편성을 구현한 주체는 아무래도 예술가라고 해야 할 것이다. 예술가는 자기의 개별적·구체적 경험을 기록한다는 점에서 개인적이지만, 이 주관적 경험이 다른 사람/독자에게 공감을 불러일으킨다는 점에서 일반적이기 때문이다. 예술가는 전형적 의미에서 '보편적 개인'이다.

이 예술가들 가운데 특히 시인 혹은, 시 또는 시적인 것은 김우창에게 예술적 영감의 원천이다. 시는 가장 간결한 형식 속에서 가장 깊은 통찰을 담는 장르이기 때문이다(그는 미국의 현대 시인인 월리스 스티븐슨 Wallace Stevens 연구로 박사학위를 받았다). 사실 그의 문학평론뿐만 아니라 사회 분석

이나 현실 진단의 글 역시 시와 시인의 통찰에 깊게 빚지고 있고, 이런 통찰은 언어의 본질적 의미에 대한 직관, 말의 리듬과 음조에 대한 주의, 자발적 연상과 암시와 함축에 대한 타고난 민감성에서 온다고 할 것이다. 이 점은 흥미롭지 않을 수 없다. 현실 진단이나 사회 분석 나아가 문명 비판의 글이라도 시적 감식안과 시인적 통찰, 언어적 표현력이 없다면 깊이를 얻기 어렵다는 것을 보여주기 때문이다. 나는 김우창 사상의 핵심에는 시적이고 예술적인 것에 대한 열망과 심미적인 것의 자기 형성적 에너지에 대한 믿음이 들어 있다고 생각한다. 그러면서 이 시적·심미적 믿음은, 그것이 다시 보다 인간적인 공동체에 대한 염원 안에 포함된다는 점에서, 예술적 차원을 넘어 사회 이론적·정치철학적 구상에 의해 조건지어진다. 그를 큰 사상가로 부를 수 있는 것은 이런 폭 때문일 것이다.

5. 심미적 이성:

앞에서 예술이 개별적·구체적인 것으로부터 전체적·보편적인 것으로 나아간다고 말했고, 그 때문에 예술(작품)은 개별적 전체성 혹은 구체적 보편성의 가치를 구현한다고 언급했다. '예술/예술적인 것'이 예술 창

작과 예술작품과 관련되어 있다면, '심미審美/심미적인 것'은 말 그대로 '미를 심사하고 평가하는' 데 관계한다. 따라서 심미(성)는 예술을 포함하면서 이보다 더 넓은 범주—자연을 대상으로 한다. 또 하나 주의할 것은 19세기 말 이래(특히 보들레르 이후) 이른바 '심미적 근대'가 시작되고, 이때부터 심미적 대상에는 단순히 미만이 아니라 추나 경악, 충격, 전율, 섬뜩하고 끔찍함 같은 것들, 말하자면 그 전에는 '비미적인 것'이라고 간주되어온 부정적 가치들이 적극적으로 수용되기 시작한다. 그만큼 심미적인 것의 가치 범주는 현대에 와서 확장되는 것이다. 이런 점에서 보더라도 예술은 심미적인 것의 일부가 된다.

아름다움은 내가 주관적으로 느끼는 것이면서 동시에 다른 사람들도 공감하는 것이기 때문에 '주관적 일반성'(칸트)으로 불린다. 주관적 일반성은 앞서 말한 개별적 전체성 혹은 구체적 보편성과도 통하는 개념이다. 예술의 심미적 경험에서 우리가 느끼는 것도 바로 이 구체적 보편성이다. 바흐나 브람스나 베토벤, 아니면 단테나 셰익스피어나 도스토예프스키의 작품 모두 '내가 개별적으로 공감하는 것'이면서 나 이외의 '다른 많은 사람들도 공감할 수 있는' 호

소력을 발휘하는 까닭이다. 즉 그것은 두루 감동을 준다.

이때 감동의 출발은 각 개인의 개별적이고 특수한 감성/감각이다. 그러나 이 감각은 단순히 감각(정서적 차원)에 머무는 것이 아니라 이성(사고적 차원)으로 이어진다. 우리는 감동 때문에 처음에는 정신을 잃거나 넋이 나가기도 하지만, 시간이 지나면서 자신과 그 주변을 돌아보게 되기도 한다. 그래서 자기의 현실적 위치를 점검하고, 삶의 방향을 재조정할 기회를 얻는다. 이것은 분명 이성적인 기능이다. 말하자면 예술 경험에는 감성과 이성이 결합된 채 상승적으로 작용한다. 그러나 이 이성은 예술적으로 유발된 것이기에, 다시 말해 미를 경험하고 심사하고 판단하면서 생겨난 것이기에 심미적이다. 바로 이것을 '심미적 이성'이라고 한다. 김우창은 심미적 이성 개념을 본격적으로 체계화하지 않았지만, 이 개념을, 그의 많은 문학 평문이나 예술론에서 드러나듯이, 시와 예술과 현실과 세계를 바라보는 인식론적 근거로 삼지 않았나 여겨진다(아도르노Th. Adorno의 미학사상 안에도 심미적 이성Ästhetische Rationalität 개념이 있지만, 체계적으로 정식화되지 않는다. 그것은 그가 개념적·논리적 '체계System'가 전제하는 강제적·억압적 성격을 경계했기 때문이다. 그는 파시즘 전

체주의도 모든 개별적 독자성을 일원화하는 일종의 '체계강제Systemzwang'로 비판했다. 여기에 대해서는 문광훈, 『아도르노와 김우창의 예술문화론』, 한길사, 2006, 225, 237쪽 참조).

예술은 철학의 개념이나 정치체제처럼 전체의 이름 아래 개별적인 것의 고유성을 희생시키지 않는다. 그것은 오히려 개별적인 것의 진실에 귀 기울이고 그 독자적 권리를 복원시킴으로써 더 넓은 사회적 지평—보편적 진실로 나아간다. 예술이 구체적 보편성이란 가치를 구현한다면, 심미적 이성은 예술 경험을 통해 구체적 보편성의 영역을 탐구한다고 할 것이다. 나는 인문학에서의 예술 교육의 문제, 또 시민 교양(교육)의 문제도 이 심미적 이성을 얼마나 그리고 어떻게 장려할 수 있는가에 달려 있다고 생각한다.

6. 도덕과 윤리:

도덕이 규범적 가치의 영역이라고 한다면, 윤리는 이 가치가 적용되는 실천의 영역이라고 구분할 수 있다. 그 어떤 것이나 이것은, 철학에서 그러하듯이, 개념적 정식화나 논증을 통한 체계화를 목표로 하지 않는다. 김우창에게 도덕과 윤리는 추상적 범주로 주장되는 것이 아니라 생활 속에 경험되어

야 하고, 그들이나 우리가 아니라 '내'가, 언제 어느 때가 아니라 '바로 지금 여기에서', 말하는 것이 아니라 '행하는' 것이다. 그것은 죽은 규율이나 당위로서가 아니라 살아 있는 원칙이자 원리로 존재하는 것이다.

그렇다면 왜 '심미적 윤리'인가?(이 책 5장 「심미적 윤리」 참조) 도덕이 그저 설명되거나 주장되는 것이 아니라 지금 여기에서 실천되는 것이라면, 그것은 생활의 일부가 되었다는 뜻이고, 생활 속에 녹아 그 사람의 삶이 더 잘 영위될 수 있도록 도움을 준다는 뜻이다. 좋은 삶이란 곧 선한 삶이고, 따라서 윤리적인 삶이다. 도덕이 생활의 실천적 윤리로 녹아 선한 삶을 영위하는 데 활기를 주고, 그래서 궁극적으로 삶의 무늬가 된다면, 그것은 이미 '심미적으로' 작용하는 것이다. 심미적일 때 윤리는 일정한 완성에 이른다. 이것이 윤리의 심미성 혹은 심미적 윤리다.

7. 내면성:

김우창은, 그가 개인과 개체와 실존을 중시한다는 점에서, '개인주의자'라고 일단 부를 수 있을지도 모른다. 그러나 이 개인적·실존적 성격은, 앞서 보았듯이, 반성적 사유의 변증법으로 인해 개별적·주관적 차원을 넘

어선다. 그래서 사회적으로 확대되면서 보편적 지평에 이르고자 한다. 내면성 역시 그렇게 움직인다고 할 수 있다.

김우창에게 내면성은 사적 개인의 내부에 정체되거나 밀폐된 것이 아니라, 그 밖으로 나아간다. 그것은 자기를 돌아보고 자기 목소리에 귀 기울이되―이렇게 자기 목소리에 귀 기울이기 위해서는 고요가 필요하고, 이 고요 속에서 깊이 생각하는 일이 필요하다. 김우창에게 명상이나 정관靜觀이 중요한 것은 그 때문이다. 그는 이런 제목의 에세이를 여러 편 썼다―그 너머로 나아간다. 그가 거듭 내면성으로 돌아가는 것은 기존 신념이나 자기정당화의 표현이 아니라, 오염되지 않은 자기의 양심을 확인하기 위해서이고, 이런 확인을 통해 더 넓은 진실에 이르기 위해서다. 그리하여 그의 내면성은 말의 엄밀한 의미에서 '사회적으로 확대된 내면성'이라고 할 수 있다(나는 이것을 "사회적 내면성"이란 용어로 설명한 적이 있다. 문광훈, 「김우창의 인문주의」, 한길사, 2006, 4장 「내면적인 것의 사회성」, 261쪽 이하와 8장 3절 「마음의 훈련: 사회적 내면성의 역학」, 464쪽 이하 참조). 사회적 가치와 공적 이념의 근원도, 그 뿌리를 끝까지 캐들어가 보면, 실존적 개인에서 나온 양심의 목소리

일 것이다.

8. 균형/평형:

김우창의 비평론과 문학론 그리고 예술론뿐만 아니라 그의 사상과 학문의 한 지향점이 있다고 한다면, 그것은 보편적 인문주의―사랑과 자애와 우정과 관용과 자유와 평등과 평화와 인권이 존중되는 폭력 없는 삶일 것이다. 이런 삶의 지평을 향해서 그는 끊임없이 생각하고 표현하며 토론하고 고민한다.

그런데 그 어떤 주제를 다루더라도 김우창이 견지하려는 것이 하나 있다면, 그것은 '균형'이라고 말할 수 있을지도 모른다. 균형이란 판단과 가치에서의 균형이다. 이 균형도 물론 여러 차원에 걸쳐 있을 것이다. 그것은 글을 쓰는 주체와 타자, 나와 너, 우리와 그들 사이의 균형이기도 하고, 감각과 정신, 감성과 이성 사이의 균형이기도 하며, 문학과 철학, 시적인 것과 비시적인 것, 합리적인 것과 비합리적인 것 사이의 균형이기도 하고, 더 나아가면 이편과 저편, 한국학과 외국학, 동양과 서양 사이의 균형이기도 할 것이다. 생물적인 것과 무생물적인 것, 현세와 내세, 물리적인 것과 형이상학적인 것, 자연과 초자연, 역사와 초역

사 사이의 균형은 그다음에 생각해볼 수 있는 종류의 것이다. 그의 글은 삶의 이 전방위적 양상을 느끼고 사유하는 데 있어 이런 균형의식을 잃지 않으려고 하는 듯하다. 그는 여러 군데서 존 롤스J. Rawls가 언급한 '성찰적 균형reflective equilibrium'과 마사 누스바움M. Nussbaum이 말한 '지각적 균형perceptive equilibrium'을 말한 적이 있지만, 균형감각은 심미적 이성이나 구체적 보편성과 더불어 그가 지향하는 이상적 가치이자 정신의 원리이고, 나아가 삶의 태도로 보인다. 그가 사안을 부단히 반성하는 것도, 또 대상을 단정적으로 규정하거나 절대화하지 않고 또 다른 이해의 가능성을 언제나 열어두고자 하는 것도 이런 균형감각 덕분일 것이다.

김우창의 어조가 갖는 유연함이나 논지가 갖는 포괄성도 이런 균형감각에서 오는 개방성 덕택일 것이다. 그리고 이 개방성이 거꾸로 논리 자체의 겸허함을 보장해준다고 볼 수도 있다. 사실 삶은 알려진 얼마간의 것과 알려지지 않은 그 외의 무수한 것 '사이에서 잠시 자리하는' 것 아닌가? 그렇다면 균형감각은, 그것이 멋져 보여서 혹은 윤리적으로 마땅하기에 필요한 것이 아니라 삶 자체의 우발성과 모호성과 근본적 비

완결성 때문에 절대적으로 필요한 것이다. 그러니까 균형감각을 견지한다는 것은 삶 자체의 본성―그 복합성과 가능성에 충실하다는 뜻이 되는 것이다.

9. 마음:

김우창의 글은, 어떤 주제를 다루건, 그것이 시와 소설을 평하건 그림과 조각을 감상하건 아니면 사회를 진단하건 간에, 또는 현실을 분석하거나 정치를 사유하거나 문명을 비판하건 간에, 지금 여기 이 땅의 문제의식과 저기 저편―우리 아닌 타자의 복잡다단한 사정이 서로 교차하고, 한국 문학과 외국 문학이 서로 만나며, 한국 유학과 중국 철학이 만나듯이 한국학과 동양학이 꿰맨 자국도 없이, 그 어떤 문화적 단절점도 희미하게 만들면서, 서로 이어진다. 아마도 그렇게 합쳐지는 중대한 심급의 하나가 '마음心性'일 것이다.

그러나 김우창의 마음은 예를 들어 데카르트의 심신이원론心身二元論에서처럼, 단순히 몸과 분리된 심정이나 정신을 뜻하지 않는다(또 정확히 말해, 적어도 데카르트 사유의 근대성을 재구성하려는 현대 철학의 어떤 시도에서는 데카르트를 이렇게 이분법적으로 이해하지도 않는다). 그것은 몸에 기반을

두고 생겨나는 이성이고 정신이며, 그래서 이 정신은 완전히 지적으로 이해될 수 있다기보다는 어떤 불가해한 면모도 포함한다. 즉 감성과 무의식의 어두운 영역까지 포함한다. 그러면서도 거기에는 몸과 정신을 아우르는 어떤 기율이 작용하고, 이 기율은 하나의 통합적 심급으로 이해된다. 마음에 대한 이런 복합적 이해는 동양의 유학적 구상에 형식적으로 기대면서도 그 내용은 서구 철학적으로 재검토된 결과로 보인다(그것이 어떻게 또 얼마만큼 재검토되었는지, 그리고 이 결과는 얼마만 한 설득력을 갖는지는 물론 다른 기회에 다시 물어야 한다). 그것은 그만큼 논리절차적으로나 언어표현적으로 세련되었다고 할 수 있기 때문이다. 이것은 '심미적 이성'이나 '감각', '내면성', '변증법', '균형' 등 그의 다른 주요 개념들에도 해당되지 않나 여겨진다.

개념의 비판적 재구성―'개념의 자기육화를 통한 보편화'는 세계의 학문 공동체에서 자리하는 한국학의 객관적 지위라는 시각에서 볼 때 매우 중요한 일이 아닐 수 없다. 그것은 작게는 언어 주체/사유 주체의 자의식 문제이지만, 크게는 학문의 책임의식이고 글쓰기의 윤리의식과 결부된 문제이기 때문이다. 우리가 말하고 쓰는 내용의 얼마나 많은 것이 옹졸한 자기주장이나 사고의 지방주의에 그치는 것인가? 지금 읽고 쓰는 개념이나 술어는, 그것이 거듭 검토되고 검증되지 않으면, 이 땅의 오늘 문제를 이해하고 분석하는 데 도움이 되지 못한다. 김우창의 언어는 자기제어 아래, 과장과 미화의 가능성을 최대한 제거하면서, 적재적소에 사용된다. 그는 구태의연하거나 상투적인 생각을 나열하지 않으며, 그 어떤 글에서도 다른 글에서 했던 말을 중언부언 반복하지 않는다. 표현의 생생함과 논지의 설득력은 그 때문에 오는 것이리라.

김우창 서지 목록

저서

『김우창 전집 1: 궁핍한 시대의 시인』, 민음사(1977, 2006)

『김우창 전집 2: 지상의 척도』, 민음사(1981, 2006)

『김우창 전집 3: 시인의 보석』, 민음사(1993, 2006)

『김우창 전집 4: 법 없는 길』, 민음사(1993, 2006)

『김우창 전집 5: 이성적 사회를 향하여』, 민음사(1993, 2006)

『심미적 이성의 탐구』, 솔(1992)

『정치와 삶의 세계: 김우창 비평집』, 삼인(2000)

『풍경과 마음: 동양의 그림과 이상향에 대한 명상』, 생각의나무(2003)

『행동과 사유: 김우창과의 대화』, 김우창 외, 생각의나무(2004)

『시대의 흐름에 서서: 김우창 시평집』, 생각의나무(2005)

『자유와 인간적인 삶』, 생각의나무(2007)

『정의와 정의의 조건』, 생각의나무(2008)

『김우창과 김훈이 본 오치균의 그림세계』, 김우창, 김훈, 생각의나무(2008)

『전환의 모색: 우리는 어디에 있으며, 무엇을 할 것인가』, 김우창 외, 생각의나무(2008)

『세 개의 동그라미 : 마음·이데아·지각』, 김우창, 문광훈 대담, 한길사(2008)

『성찰: 시대의 흐름에 서서』, 한길사(2011)

번역서

『비의 왕 헨더슨』, 솔 벨로, 김우창 옮김, 민음사(1975)

『키이츠 시선』, 존 키이츠, 김우창 역주, 민음사(1976)

『미메시스』, 에리히 아우얼바하, 유종호 · 김우창 옮김, 민음사, 고대·중세편(1979) / 근대편(1987),
    2판(2012)

『나, 후안 데 파레하』, 엘리자베스 보튼 데 트레비뇨, 김우창 옮김, 다른(2008)

더 읽을 책

『구체적 보편성의 모험: 김우창 읽기』, 문광훈, 삼인(2001)
『사유의 공간: 김우창에 이르는 여러 갈래의 길』, 도정일 외, 생각의나무(2004)
『김우창의 인문주의: 시적 마음의 동심원』, 문광훈, 한길사(2006)
『아도르노와 김우창의 예술문화론: 심미적 인문성의 옹호』, 문광훈, 한길사(2006)

찾아보기

'우리시대 고전읽기/질문총서'를 펴내며

오늘날 우리 사회에서 새삼스럽게 화두가 되고 있는 것이 '고전'이다. 왜 고전인가? 미래가 불투명한 현실에서 고전은 하나의 등불처럼 미래의 방향을 비춰주고, 개인의 암울한 장래 앞에서 고전은 한 줄기 빛처럼 세상의 어둠을 밝혀주는 안내자의 역할을 할 수 있을 것으로 여겨지기 때문이다. 어쩌면 고전이 시대의 화두라는 말은 이 시대 자체가 나아가야 할 목표와 좌표를 상실한 암담한 시대라는 사실을 방증하는 것일지 모른다. 게오르그 루카치의 말처럼 현재가 별이 빛나는 창공을 지도 삼아 갈 수 있는 행복한 서사시적 시대라고 한다면, 고전은 존재하지 않아도 무방하리라. 하지만 '고전'은 그런 시대의 행복한 조화가 깨어지고 우리 자신이 시대와 불화하고 서로 어긋나는 소설 시대의 산물에 다름 아니다.

우리는 너무 쉽게 고전을 시대 현실과 동떨어진 대척점에 놓으려는 유혹에 빠지곤 한다. 정말 고전은 우리 현실과 대립하는 위치에 서서 미래를 비춰줄 찬란한 등불과 같은 것인가? 이 질문에 긍정으로 대답하면 우리는 고전을 그것을 산출한 시대적 현실과 연결된 살아 있는 생물체로 보지 못하고 그 현실과 분리된 물신화된 화석으로 간주할 가능성이 다분하다. 언제부터인가 고전은 시간을 뛰어넘는 '모방의 전범'으로, 또 19세기 매슈 아널드가 말한 '세상에서 말해지고 생각된 최고의 것', 즉 교양을 얻을 수 있는 최고의 원천으로 간주되기 시작했다. 나아가서 고전은 '변화와 상대성에 저항하는 보루'로서 시대를 초월하는 인간의 보편적 가치를 담지한 작품으로 정전화되어왔다. 하지만 시대와 장소를 뛰어넘어 통용되는 초월적 '보편성'이란 우리시대가 필요해서 창안한 관념일 뿐 실제 존재하지 않는다. 고전의 화석화에 저항하는 당대적 현실과, 고전이 정전화될 때 간섭하는 권력의 존재를 감안한다면, 그와 같은 초월적 보편성의 이념은 이데올로기적 허구에 가깝다.

'우리시대 고전읽기/질문총서'는 이러한 절대적이고 초월적인 보편으로서 고전의 허구성을 비판하기 위해서는 무엇보다 먼저 우리시대의 문제적 텍스트들을 읽는 연습이 절실하다는 생각에서 기획되었다. 그 문제적 텍스트가 시대적 현실 속에서 살아 움직이는 실체임을 깨닫게 될 때, 즉 그 텍스트들이 당대의 현실에 어떤 질문을 던지고 있는지, 그 질문을 서사적으로 어떻게 풀어나가는지, 그리고 그 질문이 어떻게 새로운 대안으로 연결될 수 있는지 보다 생생하게 읽어내는 방식을 체득하게 될 때, 우리는 현재의 삶이 제기하는 문제들에 보다 적극적으로 대응할 수 있을 것이다. 뿐만 아니라 우리시대의 고전을 제대로 읽을 수 있을 때 우리는 과거의 고전들에 대해서도 예전과는 전혀 판이한 해석을 할 수 있다. 왜냐하면 이러한 읽기는 고전을 당대의 생생한 현실 속으로 되돌려놓을 수 있을 뿐만 아니라 그 고전을 산출한 과거의 지적 공간을 오늘날의 지적 공간 안에 편입시킴으로써 그 고전을 우리시대의 고전으로 새롭게 창조할 수 있는 방법을 모색하는 데 큰 도움이 될 것이기 때문이다.

우리시대의 고전을 읽는 이점은 여기에만 그치지 않는다. 과거의 고전들이 수많은 공간적·장소적·횡단적 차이들에서 벗어나 어떤 목적적 시간성에 의지하고, 나아가 종국에는 시간성 자체를 초월하여 해석되는 경향이 없지 않았다면, 우리시대의 고전은 철저하게 그 고전을 산출한 시공간의 장소성에서 벗어나서 해석될 수 없음을 깨닫게 해준다. 또한 이러한 장소성에 대한 자각은 고전의 정전화 과정 속에 침투해 있는 다양한 권력과 이데올로기들을 드러내준다. 그중 가장 대표적인 것이 서구중심주의와 그에 기대고 있는 민족주의이다. 서구의 발전을 이상적 준거틀로 삼는 서구중심주의든, 서구에 대항한다는 명목으로 서구적 모델을 자기 내부에서 찾고자 하는 민족주의든 모두 고전을 서구적 모델의 견지에서 인식해왔다. 그 결과 서구의 고전은 이상적 모델로 보편화되었고 비서구나 주변부의 고전들은 서구적 수준에 미달하는 것으로 억압되거나 아예 목록에서 제외되었다. 우리시대의 고전을 보다 철저히 읽어야 하는 이유는 바로 이런 서구중심주의의 단일보편성을 비판하는 한편 주변부에 다양한 '보편적' 텍스트들이 존재함을 재인식하는 데 있다. 요컨대 '우리시대 고전읽기/질문총서'는 단일보편성의 상대화와 주변의 다양한 보편들에 대한 인정을 지향한다. 고전을 해당 시대가 제기한 핵심적 질문에 나름의 진단과 대안을 제시하는 중요하고 문제적인 텍스트라고 간단히 규정할 때, 오늘날 비서구와 주변부에서 제기되는 중요한 질문들을 다루는 그런 텍스트들을 발굴하고 견인하는 것은 필연적이다.

결론적으로 말해, 우리시대의 살아 있는 고전을 읽는 작업은 이중적 과제를 수행한다. 그것은 한편으로는 과거의 고전을 당대와 현재의 생생한 현실 속으로 다시 가져와 그것이 제기하는 질문을 여전히 살아 있는 질문으로 계승함으로써 모든 고전이 결국 우리시대의 고전임을 깨닫게 하는 것이고, 다른 한편으로는 우리시대의 고전들이 던지는 질문과 답변들을 꾸준히 우리 자신의 것으로 체화함으로써 우리로 하여금 미래의 고전에 대한 새로운 창안자가 되도록 하는 것이다. '우리시대 고전읽기/질문총서'는 바로 이런 과제에 기여하는 것을 꿈꾸고자 한다.

2012년 5월
부산대학교 인문학연구소